KB269990

SPARKNOTES™

두 도시 이야기

A Tale of Two Cities

찰스 디킨스

다락원 | Spark Publishing

A Tale of Two Cities by Charles Dickens

Copyright © 2002 by SparkNotes LLC
All rights reserved.
This Korean edition was published by DARAKWON Publishing Co.,
Inc. by arrangement with Sterling Publishing Co., Inc., New York
through KCC(Korea Copyright Center Inc.), Seoul.

이 책의 한국어 판 저작권은 (주)한국저작권센터(KCC)를 통한 저작권자와의
독점계약으로 (주)다락원에 있습니다. 저작권법에 의해 한국 내에서 보호를 받는
저작물이므로 무단전재와 복제를 금합니다.

SPARKNOTES™ 034

두 도시 이야기

펴낸이 정규도
펴낸곳 (주)다락원

초판 1쇄 인쇄 2010년 11월 11일
초판 1쇄 발행 2010년 11월 18일

책임편집 안창열
디자인 정현석
번역 황건
표지삽화 손창복

다락원 경기도 파주시 교하읍 문발리 509-1
내용문의: (031)955-7272(내선 400)
구입문의: (02)736-2031(내선 112~114)
Fax:(02)732-2037
출판등록 1977년 9월 16일 제300-1977-23호

Copyright © 2010, 다락원

출판사의 허락 없이 이 책의 일부 또는 전부를
무단 복제 · 전재 · 발췌할 수 없습니다.
잘못된 책은 바꿔 드립니다.

값 7,000원

ISBN 978-89-277-1983-0 43740

세계의 교양을 읽는다

고전을 왜 읽는가?

인간의 삶과 세상에 대한 영원한 물음이 있기 때문이다. 시대와 사상을 뛰어넘어 지금 여기 우리에게 필요한 물음이 없는 고전은 더 이상 고전이 아니다. 인간과 삶에 대한 근원적인 물음 없이 고전을 읽는다면 자신과 인간에 대한 성찰과 지혜로 이어지지 않는다. 논술 시험 때문에, 과제물 때문에, 아니면 남들이 읽으니까, 나도 읽는다는 식이라면 그 책은 죽은 책일 수밖에 없다.

고전을 살아 있는 책으로 만드는 이 '물음!'에 답하기 위해서는 좋은 길잡이가 필요하다. 오랜 기간 동안 미국의 고교생과 대학 주니어들이 시험, 에세이 작성, 심층토론 준비를 위해 바이블처럼 애용해온 'SPARKNOTES'와 'CliffsNotes'는 바로 그런 좋은 길잡이의 표본이다.

SPARKNOTES와 CliffsNotes의 가장 큰 장점은 방대하고 난해한 고전을 Chapter별로 요약하고 분석해서 원전의 내용에 보다 쉽고 체계적으로 접근하는 신속·간편성이라고 할 수 있다.

대입논술로 고민하고, 자칭 타칭의 고전이 넘쳐나는 오늘의 독서 풍토에서 지적 정복이 긴박한 대한민국 학생들에게 감히 이 시리즈를 자신있게 권한다.

—以貫之 논술연구모임 연구실장 이호곤

차례

이 책의 구성

SPARKNOTES와 CliffsNotes는 방대하고 난해한 원작을 보다 쉽게 이해할 수 있도록 돕는 안내서입니다. 여기에는 원작 이해를 돕기 위해 매 장마다 '요점 정리(또는 줄거리)'와 '풀어보기'가 실려 있습니다. '요점 정리(또는 줄거리)'에는 원저의 내용을 일목요연하게 정리해 놓아 저자가 전달하려는 내용을 어렵지 않게 파악할 수 있습니다. '풀어보기'에서는 철학서의 경우, 원저에 담긴 저자의 사상이나 관련 철학, 시대 상황, 논점 등을, 문학 작품인 경우에는 원작에 담긴 문학적 경향, 등장인물의 심리상태, 주제 등을 설명해 놓았습니다. 분석적이고 비판적인 글읽기의 바탕이 되는 요소들이죠. 비소설이나 소설을 막론하고 분석적이고 비판적인 글읽기는 독자에게 꼭 필요한 자질입니다.

그밖에도 원저를 좀더 깊이 복습해서 제대로 소화할 수 있도록 돕기 위해 'Study Questions'와 'Review Quiz' 등을 마련해 놓았습니다.

* 〈 〉는 철학서, 장편소설, 중편소설, 수필집, 시집. " "는 단편소설, 논문
* 작품명은 독자의 이해를 돕기 위해 예외적인 경우를 제외하고는 영어식으로 표기함.

간추린 명작 노트

찰스 디킨스 Charles Dickens(1812-70)는 영국 남부 해안의 포츠머스에서 태어났다. 찢어지게 가난한 집안의 12남매 가운데 둘째였던 그는 해군 경리국의 하급 서기였던 아버지가 채무자 감옥에 투옥되자 열두 살에 집안을 돕기 위해 구두약 공장에서 유리병에 상표 붙이는 일을 해야 했다. 어린 소년에게 깊은 상처를 남겼던 이 시기는 후일 〈올리버 트위스트 *Oliver Twist*〉(1838), 〈데이비드 코퍼필드 *David Copperfield*〉(1850), 〈막대한 유산 *Great Expectations*〉(1861) 같은 소설 집필에 풍부한 자료를 제공해 주었다. 사회 비평에 적극적이었던 디킨스의 작품들은 19세기 영국 도시 빈민층의 참상을 날카롭게 파헤친 역사적 기록이기도 하다. 디킨스가 평생 엄청난 인기를 누린 것은 등장인물들에 대한 생생한 성격묘사는 물론, 그의 작품들이 연재물로 발표되어 미리 수많은 독자들과 만날 수 있었기 때문이다.

영국에서 시작되어 18세기 후반에 유럽을 휩쓴 산업혁명으로 인해 영국 경제가 급속히 근대화되면서 농촌 수공업은 대규모 공장 노동으로 전환되었다. 기술 혁신은 그 어느 때보다 제조업과 무역의 성장을 촉진시켰으며, 지방별로 분산되었던 가내공업 경제는 집중화된 고도의 자본주의적 대량생산체제로 탈바꿈했다. 더불어 인구 분포에서도 큰 변화가 일어났는데, 가난한 노동 계급이 일자리를 찾아 몰려들면서 도시들이 팽창했던 것. 이처럼 노동자들의 대도시 유입이 계속되자 부르주아 계급은 임금 억제를 통해 잉여노동의 혜택을 누릴 수 있었으나 빈민들은 경제성장에도 불구하고 여전히 불결하고 비좁은 집에서 살았다. 디킨스는 여러 작품에서 그 같은 가난과 절망에서 벗어나려고 분투하는 주인공들의 노력을 기록하고 있다.

단골 출판사들과 결별한 후에 착수한 〈두 도시 이야기 A Tale of Two Cities〉는 원래 디킨스가 새로 창간한 주간지 All the Year Round(1859년 4월-11월)에 연재했던 것이다. 이 기간에는 그의 삶에 커다란 변화가 있었다. 윌키 콜린스(Wilkie Collins. 1824-89)의 연극 〈얼어붙은 바다 The Frozen Deep〉에서 주연을 맡아 출연하던 중에 젊은 여배우 엘렌 터넌과 사랑에 빠졌던 것. 그 무렵 디킨스는 결혼한 지 23년이 되는 아내 캐서린 호가스와 불화가 잦았으며, 1858년부터는 별거하고 있었다. 디킨스는 터넌에게 집을 마련해 주었다.

디킨스의 연극 출연은 사생활뿐만 아니라 작품 활동에도 변화를 가져다주었다. 이 연극에서 영감을 얻어 〈두 도시 이야기〉를 착상하게 되었기 때문이다. 디킨스는 이 연극에서 사랑하는 여인을 연적이 차지하도록 스스로 목숨을 버리는 남자의 역을 맡았는데, 그 삼각관계는 〈두 도시 이야기〉에 나오는 샤를 다네, 루시 마네트, 시드니 카턴의 복잡한 관계에 밑바탕이 되었다. 게다가 이 연극이 대속(代贖)과 부활, 사랑과 폭력을 다루는 기법을 높이 평가했기 때문에 동일한 문제를 역사 차원에서 구현했던 사건인 프랑스 혁명에 이 주제를 옮겨보기로 마음 먹었고 작품의 역사적 정확성을 기하기 위해 당시 사람들이 프랑스 농민들의 자유 쟁취투쟁에 관한 최초이자 최후의 언급이라고 평가했던 토머스 칼라일*의 〈프랑스 혁명사 *The French Revolution, A History*〉를 참고했다.

디킨스가 그 이전에 역사소설을 쓴 것은 딱 한 번 〈바나비 러지 *Barnaby Rudge*〉(1841)인데, 매우 고된 작업이었다. 역사적 주제가 워낙 광범위하고 다소 엄연한 사실인지라 그의 작품을 특징지어 왔던 엉뚱하고 가끔은 우스꽝스러운 등장인물들을 많이 배제할 수밖에 없었기 때문이다. 〈두 도시 이야기〉에서는 제리 크런처와 프로스 양이 얼마간 전형적인 디킨스 식 익살—과장된 행동과 특이한 말투—을 구현하기는 해도 어디까지나 단역일 뿐이다. 비평가들은

---

* **토머스 칼라일**(Thomas Carlyle. 1795-1881): 영국 역사가, 평론가. 이상주의적인 사회 개혁을 주장하며, 상업주의·배금주의·향락주의를 비판했다. 주요 저서는 〈의상철학〉 등.

여전히 이 소설의 문학적 가치를 논하고 있으나 소설가로서의 디킨스의 변천과정을 조명해 준다는 점에서는 이론이 없다. 이전 소설들보다 실험적 성격이 강한 〈두 도시 이야기〉는 결국 작가의 과도기적 작품이고, 이후에는 좀더 성숙한 작가로서 〈막대한 유산〉과 〈우리들의 맹우 *Our Mutual Friend*〉(1864-65)를 집필한다.

때는 1775년. 프랑스와 영국에서 사회적 병폐가 창궐한다. 텔슨은행의 임시고용원 제리 크런처가 칠흑 같은 어둠과 짙은 안개를 뚫고 쫓아와 도버행 우편마차를 세우고 은행직원 자비스 로리에게 긴급 전갈을 건넨다. 쪽지는 로리에게 도버에서 어느 처녀를 기다리란 내용이고, 로리는 '소생했다'는 뜻 모를 말로 응답을 대신한다.

로리는 도버에서 루시 마네트라는 처녀를 만난다. 고아인 루시의 아버지는 한때 유명한 의사였는데, 그동안 죽은 것으로 알려졌으나 최근 프랑스에서 발견되었다. 로리는 루시를 파리로 데려가 드파르주를 만난다. 전에 마네트 박사의 하인이었던 그는 다락방에 박사를 숨겨놓고 있다. 바스티유 감옥에서 18년 동안 갇혀 지내는 사이 정신이상에 걸린 박사는 수감 시절에 배운 솜씨로 온종일 구두를 만들며 소일한다. 로리는 루시에게 딸의 사랑과 헌신으로 아버지를 회복시킬 수 있다고 안심시킨다.

1780년. 샤를 다네는 영국 국왕에 대한 반역죄 혐의로 재판을 받고 있다. 무혐의를 장담하는 스트라이버가 변호인이지만, 항상 술에 절어 사는 쓸모없는 동료 시드니 카턴의 도움을 받는다. 카턴은 자기 용모가 피고인과 쏙 빼닮았다는 점을 지적하며 다네가 틀림없이 당국이 지목했던 첩자라고 주장한 검찰측 논거를 일축한다. 루시와 마네트 박사도 재판 과정을 지켜본다. 다네는 석방된다. 그날 밤 카턴은 다네를 술집으로 데려가 루시 같은 여자가 자기를 동정해 주면 어떤 기분이 들까, 하고 묻는다. 나중에 카턴은 다네를 경멸하며 화를 낸다. 다네가 지난 날 자신이 포기했고 어쩌면 될 수도 있었던 모습을 떠올리게 하기 때문이다.

한편, 프랑스에서는 잔혹한 에브레몽드 후작이 마차를 타고 가다가 평민 어린이를 치어 죽인다. 후작은 빈민을 깔보는 당시의 전형적인 귀족티를 내면서 유감을 표하기는커녕 농민들에게 욕설을 퍼부은 후 서둘러 자기 성으로 돌아가 영국에서 오는 조카 다네를 기다린다. 그날 밤늦게 도착한 다네는 백성들을 함부로 대하는 삼촌과 프랑스 귀족들을 저주하면서, 에브레몽드 후작의 신분을 버리고 영국으로 돌아가겠노라고 선언한다. 그날 밤 후작이 살해된다. 살인범은 프랑스 혁명세력들이 쓰던 '자크'라는 애칭이 서명된 쪽지를 남긴다.

1년 후 영국에서 다네는 마네트 박사에게 루시와의 결혼을 허락해 달라며 신분은 결혼 후에 밝히겠다고 약속한다. 한편, 카턴도 루시에게 사랑을 맹세하면서 그녀가 자기처럼 쓸모없는 인간에게 좀더 훌륭하고 값진 삶을 꿈꾸도록 도와주었다고 말한다. 런던 거리에서는 로저 클라이라는 첩자의 장례행렬에 휩쓸린 제리 크런처가 그날 밤에 '시체 도굴꾼'의 솜씨를 발휘하여 클라이의 시체를 훔쳐다 팔려고 공동묘지에 몰래 들어간다.

파리에서는 존 바사드라는 영국 첩자가 드파르주의 술집에 들러 아직은 은밀하게 진행되는 혁명이 무르익어가고 있다는 증거를 찾아내려 한다. 드파르주 부인은 술집에 앉아 혁명 후 처형해야 할 사람의 명단을 뜨개질감에 수놓고 있다.

런던. 다네가 마네트 박사와의 약속대로 결혼식 날 아침에 신분을 밝힌다. 그날 밤 제화 버릇이 도진 박사는 아흐레 후에 평정을 되찾자 딸과 사위를 찾아간다. 다네가 돌아온 후 카턴이 찾아와 친구가 되자고 청한다. 다네는 언제든지 집으로 찾아와도 좋다고 말한다.

1789년. 파리 농민들이 바스티유 감옥으로 몰려가면서 프랑스 혁명이 터진다. 혁명세력이 거리에서 귀족들을 살해하는 가운데 가벨은 에브레몽드 가문의 재산을 관리한 혐의로 기소되어 투옥된다. 3년 후, 가벨이 편지를 보내 구원을 요청하자 다네는 투옥 위험을 무릅쓰고 곧장 프랑스로 향한다.

파리에 도착하자마자 혁명세력에 의해 불법 이주민으로 체포된 다네를 구하기 위해 루시와 마네트 박사가 파리로 간다. 다네는 1년 3개월간 투옥되어 있다가 재판을 받는다. 마네트는 그를 구출하려고 혁명세력에 영향력을 행사하기로 한다. 혁명세력은 오랫동안 바스티유 감옥에서 복역한 박사를 동정하고 있다. 석방된 다네는 그날 밤에 드파르주 부부의 고발로 다시 체포된다. 다네의 구출 계획을 갖고 파리에 도착한 카턴은 영국 첩자 존 바사드의 도움을 받는다. 바사드는 루시의 충실한 하녀 프로스의 오래 전에 헤어진 남동생 솔로몬 프로스라는 사실이 밝혀진다.

다네의 재판에 참석한 드파르주가 마네트 박사가 투옥되었던 바스티유의 감방에서 직접 찾아내 증거로 제시하는 편지 한 통에는 박사의 투옥 경위가 적혀 있다. 오래 전, 에브레몽드 형제(다네의 아버지와 삼촌)는 마네트 박사를 불러 아우에게 강간당한 어떤 여자와 아우의 칼에 찔려 중태에 빠진 그녀의 남동생을 돌봐주라고 요청하고는 박사가 자기들의 비행을 신고할 것이 두려워 체포당하게 만들었다는 내용이다. 분개한 배심원들은 다네를 24시간 이내에 사형에 처하도록 평결한다.

그날 밤, 카턴은 드파르주의 술집에서 드파르주 부인이 루시와 딸도 처형시킬 음모를 꾸미는 대화를 엿듣게 되는데, 알고 보니 그녀는 에브레몽드 형제 때문에 죽은 여자의 동생이다. 카턴은 마네트 부녀가 즉시 프랑스를 떠나도록 준비한 다음, 감옥으로 다네를 찾아가 속임수로 자기와 옷을 바꿔 입도록 하고 해명 편지를 쓰게 한 후 약을 먹여 의식을 잃게 만든다. 바사드가 다네를 데리고 나가 대기하고 있는 마차에 오르게 하고, 카턴은 처형을 기다린다.

다네가 루시와 딸, 마네트 박사와 함께 파리를 빠져나갈 때, 루시를 체포하기 위해 그녀의 집에 당도한 드파르주 부인은 필사적으로 루시를 보호하려는 프로스 양과 마주쳐 드잡이하다가 오발로 자기 총에 맞아 죽는다.

시드니 카턴은 기요틴에서 죽음을 당하게 되고, 화자(話者)는 카턴이 마침내 자기 삶에 의미를 부여했다고 생각하며 죽는다고 단언한다.

● **샤를 다네** Charles Darnay │ 프랑스 귀족 출신으로 프랑스 사회체제의 잔혹한 권리침해에 가담하기 싫어 영국에서 살기로 하고, 삼촌 에브레몽드 후작을 만나 그의 속물적이고 잔인한 가치관을 배격하면서 매우 훌륭한 덕성을 드러낸다. 마네트 박사에게 수치스러운 에브레몽드 가문의 일원임을 밝히기로 결심하는 모습에서 놀라운 정직성이 나타나고, 투옥된 가벨을 구출하기 위해 위험을 무릅쓰고 파리로 돌아가기로 결정하는 모습에서 용기가 돋보인다.

● **시드니 카턴** Sydney Carton │ 스트라이버의 동료이자 장래 희망이나 목표도 없어 보이는 변호사. 승소율이 높은 스트라이버의 재판에서 항상 결정적인 역할을 하는데, 눈치가 빠른 사람들 사이에서는 '사자'는 될 수 없지만 '놀라울 정도로 뛰어난 자칼*'이란 소문이 돈다. 루시를 사랑하면서 매우 심오한 덕성을 지닌 인물로 변모하는데, 처음에는 다네와 정반대의 인물이었으나 결국은 도덕적으로 능가하게 된다.(* 서양에는 자칼이 사자에게 먹이를 잡아다 바친다는 속설이 있다. 역자 주)

● **마네트 박사** Doctor Manette | 루시의 아버지이자 훌륭한 의사. 바스티유 감옥에 18년간 수감되었다. 소설 초반에는 항상 구두를 만들고 있는데, 감옥에서 당한 고문을 잊기 위해 익힌 소일거리다. 그러나 고통스러운 기억을 극복하면서 딸의 행복을 위하는 자상하고 헌신적인 아버지의 모습을 되찾는다.

● **루시 마네트** Lucie Manette | 프랑스에서 태어나 영국에서 성장한 처녀. 아버지가 사망한 것으로 추정되어 텔슨은행의 보호 하에 양육된다. 디킨스가 동정심의 화신으로 묘사하는 그녀의 사랑은 온 가족을 한데 묶는 힘을 갖기 때문에 종종 그녀를 '황금 실(the golden thread)'이라고 부른다. 나아가 주변 사람들을 변화시키는 힘을 갖는 그녀의 사랑은 아버지를 '소생'시키고, 시드니 카턴을 '자칼'에서 영웅으로 변모시킨다.

● **드파르주 씨** Monsieur Defarge | 파리 빈민가 생탕투안 구역에 위치한 술집의 주인이자 혁명세력의 일원. 과거에는 마네트 박사의 하인이었고 지금은 판단력이 뛰어난 헌신적인 혁명지도자로서 더 나은 사회를 실현하기 위해 헌신하면서도 박사에게는 호의를 베푼다. 그의 아내는 박사에 대한 배려를 남편의 약점으로 생각한다.

● **드파르주 부인** Madame Defarge | 귀족 계급에 대한 증오심을 지니고 열렬하게 혁명에 참가한다. 혁명의 대의를 위해 제거되어야 할 사람들의 이름을 뜨개질하며 시간을 보내는데, 남편과 달리 잔인하며 복수 욕망은 끝을 모른다.

● **자비스 로리** Jarvis Lorry | 텔슨은행의 늙은 직원. 엄격한 도덕관과 선량하고 정직한 마음씨를 지닌 매우 사무적인 독신노인이다. 마네트 박사와 루시 부녀의 소중한 친구.

● **제리 크런처** Jerry Cruncher | 텔슨은행의 임시 잡역부. 우락부락하고 성미가 급하며 교육을 받지 못해 미신에 사로잡혀 있다. 부업으로 무덤에서 시체를 훔쳐 과학자들에게 파는 '시체 도굴꾼' 노릇을 하고 있다.

● **프로스 양** Miss Pross | 루시를 길러준 하녀. 퉁명스럽고 완고하며 질서와 충직함의 화신으로서 혁명의 본질인 폭력적 혼란상을 표상하는 드파르주 부인을 아주 대조적으로 돋보이게 만든다.

● **에브레몽드 후작** Marquis Evremonde | 샤를 다네의 삼촌이며 비인간적이고 잔인한 계급체제를 표상하는 프랑스 귀족. 사람 목숨을 하찮게 여기고, 이 세상의 농민을 모두

멸종시키기를 바란다.

● **스트라이버 씨** Mr. Stryver | 야심만만하고 인기 있는 변호사. 동료 시드니 카턴과 달리 허풍이 심하고 잘난 체하며 거물로 통하지만, 결정적인 순간에는 항상 '자칼' 카턴의 도움을 받는 '사자'.

● **존 바사드** John Barsad | 애국심을 유일한 동기로 내세우는 영국 첩자. 자칭 훌륭한 명성을 지닌 덕망가.

● **로저 클라이** Roger Cly | 존 바사드처럼 애국심을 유일한 행동 명분으로 내세우는 영국 첩자. 정직한 체하지만 사실은 늘 음모를 눈감아주는 일에 가담하고 있다.

● **가벨** Gabelle | 후작이 죽은 후 에브레몽드 가문의 재산을 관리한 혐의로 혁명세력에 의해 투옥된다. 그의 투옥 소식을 접한 다네가 그를 구출하려고 프랑스로 간다.

시드니 카턴

〈두 도시 이야기〉에서 가장 역동적인 인물. 처음에는 자기 삶에 전혀 관심을 보이지 않는 게으르고 술독에 빠진 변호사로 나온다. 자기라는 존재를 인생 최고의 쓰레기라면서 걸핏하면 걱정할 사람도 걱정할 일도 없는 사람이라고 말하지만, 독자들이 보기에는 그가 스스로 딱 꼬집지는 못해도 무언가를 생각하고 있다는 느낌이 든다. 막 석방된 샤를 다네와의 대화에서 루시 마네트를 평하는 모습은 빈정대는 말투로나마 그녀에 대한 관심과 사랑이 싹 트기 시작했다는 것을 보여준다. 그리고 결국에는 루시와 다네가 결혼하기 전에 루시를 만나 속내를 토로하면서 사랑을 고백하는 장면은 그에게 중대한 변화가 일어나고 있다는 증거이며, 소설의 끝부분에서 감행하는 지고지순한 희생의 밑바탕이 된다.

카턴의 죽음은 디킨스 소설의 연구자와 비평가들에게 많은 소재를 제공해 왔다. 대속과 부활이란 주제에 집착하다 보니 어쩔 수 없는 결말이었다고 생각하는 독자들도 있다. 이 같은 해석에 따르면, 카턴은 죽음을 통해 사랑하는 사람에게 행복을 가져다주고 자기 자신의 영생을 얻는 예수 같은 인물, 무사무욕의 순교자가 된다. 그러나 또 다른 독자들은 카턴의 마지막 행위가 갖는 궁극적 중요성에 의문을 제기하면서, 카턴이 애초부터 자기라는 존재에 커다란 가치를 부여하지 않았기 때문에 자기희생이 비교적 수월했다고 주장한다. 그러나 디킨스가 이 소설에서 부활의 심상(예컨대, 포도주와 피의 모티프)을 빈번하게 사용하고 있다는 점은 독자들이 어떻게 받아들이건 실제로는 카턴의 죽음을 대속 행위로 의도했다는 증거다. 카턴이 기요틴에 오르자, 화자(話者)는 그가 '구렁텅이에서 떠오르는' 아름답고 목가적인 파리를 마음속에 그리며, '이 시대의 악과 전 시대의 악이… 점차 스스로 속죄하며 쇠잔해 가는' 광경을 본다고 읊조린다. 혁명의 종말론적 폭력사태가 새로운 사회의 탄생을 가져오듯이, 카턴은 자기희생을 통해서만 자기 인생의 보람을 드높일 수 있는 것인지도 모른다.

드파르주 부인

피에 굶주린 냉혹한 성격을 지녔으며, 혁명의 혼란상을 상징한다. 술집에 조용히 앉아 뜨개질하는 수동적인 모습 속에는 혁명에 희생되어야 할 사람들의 명단을 수놓는 복수를 향한 잔인한 욕망이 숨겨져 있다. 혁명이 본격화하면서 사악한 참모습이 드러나는데, 특히 루시를 노리고 있다가 폭력사태가 파리를 휩쓸자 우선 루시와 가족들의 얼굴을 익히고 머릿속 살생부에 추가하며, 나중에는 다네의 처형을 앞두고 슬픔에 잠겨 있는 루시를 체포하려고 그녀의 집을 급습한다.

디킨스는 그녀의 증오심을 타고난 것이 아니라 귀족들, 특히 다네의 삼촌 에브레몽드 후작 때문에 겪은 억압과 개인적 비극의 결과로 묘사하면서도 그녀가 추구하는 인과응보적 방법의 정당화는 자제한다. 왜냐하면, 귀족들의 억압이 그녀 같은 억압자를 낳았듯이, 그녀의 억압이 그녀의 희생자를 억압자로 만들 것이기 때문이다. 그녀가 프로스 양과 드잡이하다가 자기 총에 맞아 죽는 장면은 복수는 결국 자기파멸로 이어진다는 작가의 신념을 상징한다.

마네트 박사

디킨스는 박사를 통해 이 소설의 한 가지 중요한 모티프, 즉 '모든 인간을 감싸고 있는 본질적 신비'를 설명한다. 자비스 로리가 박사를 찾아오기 위해 프랑스로 가는 동안, 화자는 "인간이란 피조물은 모두 서로 매우 비밀스럽고 신비로운 존재가 되도록 만들어졌다"고 생각한다. 소설의 중반이 지나도록 박사가 겪는 병증의 원인은 다른 등장인물들과 독자들 모두에게 계속 수수께끼로 남는다. 에브레몽드 후작에 관한 진상이 드러날 때까지도 박사의 투옥 이유는 여전히 밝혀지지 않는 것. 독자들은 박사가 어떤 고통을 받았는지는 잘 모르더라도 불안을 느낄 때마다 나타나는 구두 만드는 버릇은 그의 고통이 매우 심각했다는 증거가 된다.

카턴과 마찬가지로 박사도 소설이 진행되는 동안 기억력을 잃고 멍하니 구두장이 노릇을 하는 죄수에서 저명한 인물로 완전히 변모한다. 오늘날 독자들은 인간 개개인을 고정된 존재가 아니라 주위 환경과 주변 사람들에 의해 영향을 받는 감수성과 반응력을 지닌 존재로 이해하는 경향이 있지만, 디킨스 시절에는 다소 파격적인 생각이었다. 박사가 겪는 변화는 인간관계와 경험이 인생에 엄청난 영향을 준다는 것을 증명하는데, 다네를 구출하기 위해 보여주는 정신력은 카턴이 소설 끝부분에서 터득하게 되는 교훈—다른 사람에 대한 우리의 대우는 상대방의 인격 발달에 중요한 역할을 할 뿐만 아니라, 자기 삶의 가치도 상대방의 삶에 미친 그 영향에 의해 결정된다.—을 확인시켜 주는 것 같다.

샤를 다네와 루시 마네트

소설가 E. M. 포스터(E. M. Forster. 1879-1970)는 디킨스의 등장인물들이 '평면적'(flat)이라면서, 현실성과 신빙성을 부여하는 깊이와 복합성이 부족하다고 비판했다. 샤를 다네와 루시 마네트는 분명히 이 경우에 해당한다. 명예와 지위, 용기를 지닌 다네는 주인공의 전형에 딱 들어맞지만, 카턴이나 마네트 박사가 겪는 것과 같은 정신적 갈등은 한 번도 드러내지 않는다. 다네가 후작의 속물적이고 잔인한 귀족적 가치관에 대항한 것은 찬탄할 만하지만, 결국 그의 덕성은 너무나 획일적이어서 흥미진진하게 상상력을 자극하는 인물이 되지 못한다.

루시도 오늘날 독자들에게는 다네처럼 재미없는 2차원적 인물로 보이기 십상이다. 그녀는 일상적인 삶에서 동정과 사랑, 덕성을 구현하는데, 아버지의 머리를 가슴에 안고 자상하게 쓰다듬어주는 모습에는 가족을 한데 묶어주는 '황금 실'이라는 역할이 집약되어 있다. 그리고 남편이 혹시라도 형무소 창문을 내다보다가 자기를 발견할지도 모른다는 생각으로 매일 두 시간씩 기꺼이 길모퉁이에서 기다리는 모습은 순수한 헌신을 나타낸다. 당시의 어떤 독자는 디킨스에게 편지를 보내 그처럼 단순화된 성격묘사를 이렇게 비판했다.

"포착하고자 하는 세부 사항에 당신의 사상을 각인시키려는 그 끈질긴 상상력, 열정과 불변성은 당신의 인식을 제한하고, 당신을 단일한 특징 속에 가두어 인간의 모든 면면에 도달하지도 그 깊이를 헤아리지도 못하도록 막고 있습니다."

다네와 루시는 인간의 본질을 이해하는 창문 역할은

못하더라도, 다른 등장인물들과 결합하여 인간 본성을 좀
더 상세하게 보여주는 일에는 보탬이 된다. 첫째, 두 사람은
복수심에 불타는 드파르주 부인의 어둠에 맞서는 빛을 제
공하며 그녀에게서는 찾아볼 수 없는 인간의 도덕적 측면
을 드러낸다. 둘째, 두 사람은 카턴이 얻고자 노력하는 덕성
과 더욱 선한 인간이 되려는 진실하고도 신뢰성 있는 싸움
에 영감을 불어넣는 덕성을 나타낸다.

주제, 모티프, 상징

| 주제 |

　문학 작품에서 전체 내용을 관통하는 근본적이고 포괄적인 생각.

항상 존재하는 부활의 가능성

　〈두 도시 이야기〉는 개인적·사회적 차원 모두에서 부활과 변화가 가능하다는 확신을 역설하고 있다. 화자는 시드니 카턴의 죽음으로 루시 마네트와 샤를 다네, 심지어 카턴 자신까지도 새롭고 평화로운 삶을 얻는다고 암시한다. 카턴은 죽음을 통해 영웅 반열에 올라 인류의 구원을 위해 죽은 예수를 닮은 인물이 되면서 삶이 의미와 가치를 얻는다. 더구나 소설의 마지막 부분은 카턴의 부활도 암시한다. 그가 구해 준 사람들의 마음속에 다시 태어나는 것. 마찬가지로 구체제의 종말은 카턴이 기요틴 위에서 생각한 아름답고 새로운 프랑스를 예비해 준다고 암시한다. 항상 게으름과 무관심 속에 살던 카턴이 마지막 순간에 헌신적 행동을 감행하는 것은 인간의 변화 능력을 보여주는 것이다. 이 소설은 귀족과 농민들의 잔혹행위를 많이 묘사하면서도, 결국 폭력은 사라지고 보다 나은 사회가 도래한다는 신념을 피력하고 있다.

디킨스는 마네트 박사를 통해서도 이 주제를 전개하고 있다. 소설 처음 부분에 마네트가 '소생했다'는 로리의 말이 함축하듯 박사의 18년간 투옥생활은 죽음과도 같은 것이다. 루시의 사랑은 마네트가 영적으로 거듭나도록 해주며, 루시가 어머니처럼 그를 가슴에 안고 쓰다듬어주는 모습은 이 같은 부활의 개념을 보강한다.

희생의 필요성

디킨스는 행복을 얻으려면 희생이 필요하다는 주제도 개인적·국민적인 두 차원에서 다루고 있다. 예컨대, 혁명 과정은 끔찍한 대가를 치러야만 새로운 평등주의적 공화국을 실현할 수 있다는 것을 보여준다. 개인적인 사랑과 의리는 국민적 선을 위해 희생되어야 한다는 것. 그리고 다네가 두 번째로 체포되었을 때, 그를 체포한 사나이는 마네트 박사에게 국익이 사사로운 의리에 우선한다고 상기시킨다. 드파르주 부인도 남편이 마네트 부녀에게 갖는 애착은 혁명 대의를 그르치는 감정일 뿐이라고 훈계한다. 더욱 중요한 것은 카턴은 종전의 자기를 희생시켜야 도덕적으로 가치 있는 인간이 될 수 있다는 점이다. 친구를 위해 죽음을 선택함으로써 친구의 행복을 가능케 할 뿐만 아니라 자신의 영적 갱생을 이루게 되는 것.

혁명의 폭력성과 억압 성향

　디킨스는 소설 전반을 통해 역사적 문제를 다소 모호하게 다루고 있다. 혁명의 대의를 지지하면서도 종종 혁명 세력의 사악함을 지적하는 것. 프랑스 소농들의 참상에 깊은 동정심을 보이며 그들을 해방해야 한다고 역설하고, 에브레몽드 후작을 다루는 몇몇 장들은 가난한 사람들을 파렴치하게 착취·억압하는 악독한 귀족들을 매도하는 동시에 농민들이 그 억압을 극복해 가는 방법도 비난한다. 잔혹행위로는 잔혹행위를 물리칠 수 없고 오히려 폭력을 영속화시킬 뿐이라면서, 의혹의 눈으로 폭도들을 조심스레 묘사함으로써 그 같은 입장을 분명히 밝히고 있다. 혁명에 대한 디킨스의 견해는 마지막 장에 간결하면서도 적절하게 나타나 있다.

　"다시 한 번 똑같은 탐욕스러운 방종과 억압의 씨앗을 뿌려 보라. 확실히 심은 대로 똑같은 열매를 맺을 것이다."

　디킨스는 프랑스 혁명을 변화와 부활의 위대한 상징으로 간주하면서도 혁명의 폭력적 수단은 궁극적으로 그 목적에 반하는 것이라고 강조한다.

| **모티프** |

작품의 대표적인 주제들과 관련하여 전체에 통일감을 주는 것으로, 되풀이되는 구조나 대비, 또는 문학적 장치, 등.

양자대비법

소설 첫 구절("최고의 시대이자, 최악의 시대였다.")은 양자대비를 이야기의 중심에 올려놓는다. 줄거리는 소설 제목의 두 도시, 파리와 런던으로 나뉘어 전개된다. 그리고 등장인물들을 양자대비로 배치하여 여러 주제를 고조시킨다. 중심 인물인 두 여성은 정반대의 기능을 하는데, 루시는 사랑스럽고 자상하며 드파르주 부인은 증오에 차고 피에 굶주려 있다. 디킨스는 판단을 내리고 주제를 드러내는데도 대비법을 사용한다. 예컨대, 루시의 사랑은 아버지의 영적 변화와 소생을 가져오는 반면, 드파르주 부인의 복수심은 끝없이 순환하며 억압과 폭력을 전파한다.

디킨스의 양자대비 기법은 대립을 끌어낼 뿐 아니라 숨겨진 유사성을 드러내는 기능도 한다. 예컨대, 처음에는 다네와 대조적인 인물로 보이는 카턴은 다네에게서 자기가 될 수도 있었지만 되지 못한 인물상을 떠올리지만, 소설의 끝부분에서는 일약 영웅으로 변모하여 다네에 필적하거나 심지어 그를 능가하는 미덕을 지니게 된다. 두 남자의 신체적 유사성은 처음에는 카턴의 도덕적 열등성을 돋보이게

하는 기능에 그쳤지만, 나중에는 카턴이 다네 대신 죽는 숭고한 행위를 가능케 해준다.

어두운 그림자

그림자는 이 소설 전체를 지배하면서 짙은 어둠과 심상찮은 분위기를 자아낸다. 어둠 속 우편마차 여행과 안개 속에서 등장하는 제리 크런처 등은 음침하고 불안한 분위기에 감싸여 있다. 루시 마네트와 자비스 로리가 처음 만나는 장면은 이 모티프를 더욱 진전시켜 루시가 서 있는 방은 아주 어두침침하고 검은 그림자에 덮여 촛불이 시커먼 벽에 파묻힌 것처럼 보인다. 이 같은 분위기는 로리의 파리행 임무와 마네트 박사의 감옥생활을 에워싼 수수께끼에 신비로움을 더해 주는데, 인간의 깊고 어두운 속마음을 나타내는 디킨스의 문학적 표현이기도 하다. "밤 그림자"라는 부제가 붙은 3장이 설명하듯 모든 인간은 서로 결코 햇빛을 보지 못하게 될 깊은 비밀과 신비를 지니고 있다는 것이다.

그림자는 계속해서 소설 전체에 드리워진다. 복수심에 불타는 드파르주 부인은 루시와 그녀의 모든 희망에 그림자를 던진다. 루시는 새로 내린 하얀 눈 속에 서 있고, 드파르주 부인은 '하얀 길에 드리운 그림자처럼' 지나쳐가며, 드파르주가 다네에게 사형선고가 내려지도록 이용한 편지도 온 가족에게 짙은 그림자를 던진다. 편지의 내용을 밝히는 제3권 10장의 부제는 "그림자의 실체"다.

투옥 생활

등장인물 거의 대부분은 이러저러한 구속에 맞서 싸우고 있다. 다네와 마네트 박사의 경우는 모두 프랑스 감옥에서 복역하기 때문에 이 싸움이 말 그대로 맞아떨어진다. 그러나 그들의 경험에 대한 회상은 감방 벽 못지않게 제한적이다. 예컨대, 박사는 바스티유 감옥을 회상할 때마다 갇혀 있는 느낌이 들어 구두를 만드는 일밖에는 할 수 없다. 카턴도 무가치한 삶을 불만스러워하며 자기 인격의 한계(감금)에 맞서 싸우는 모습을 보인다.

| 상징 |

추상적인 관념이나 개념을 표현하기 위해 사용되는 사물, 기호, 인물, 색, 등.

깨진 술통

디킨스는 드파르주의 술집 밖에서 깨진 술통과 지나가던 농민들이 엎질러진 술을 핥아먹기 위해 아귀다툼을 벌이는 장면을 통해 굶주린 인민들의 절박함을 나타내는 상징을 만들어낸다. 이 굶주림은 문자 그대로 가난한 농민들이 겪는 배고픔이자 정치적 자유를 갈구하는 은유적 굶주림이기도 하다. 이 장면은 겉보기에 농민들이 굶주림을 채우려고 소동을 벌이는 것으로 보이지만, 동시에 농민들이 은유적인 굶주림을 채우기 위해 취하는 폭력적 수단을 떠올리게 해준다. 예컨대, 디킨스는 포도주를 직접 피와 연결시켜 몇몇 농민들은 '입언저리가 범처럼 얼룩지고', 어떤 술 취한 사람은 손가락을 포도주에 찍어 담벼락에 "피"라고 낙서하는 모습을 묘사한다. 실제로 귀족들은 나중에 바로 이 장소에서 폭도들의 손에 피를 흘리게 된다.

디킨스는 소설 곳곳에서 그러한 행위는 군중들 자신이 벗어나고자 했던 잔혹행위와 억압을 영속화시키는 것이라고 비난한다. 쏟아진 술을 허겁지겁 퍼 마시는 농민들의 광란극은 혁명 주동자들이 칼을 가는 숫돌 장면(제3권 2장)과 섬뜩한 카르마뇰 춤 장면(제3권 5장)을 예시한다.

드파르주 부인의 뜨개질

문자 그대로의 차원에서도 드파르주 부인의 뜨개질은 상징들의 온전한 그물망을 구성한다. 그녀는 신생 공화국의 이름으로 처단될 사람들의 명단을 뜨개질하고 있으나 은유 차원에서는 뜨개질 자체가 상징을 구성하면서, 혁명세력의 은밀하고 냉혹한 복수심을 표상한다. 그녀가 말없이 뜨개질할 때는 유순해 보이지만, 사실은 사람들에게 죽음을 선고하고 있는 것이다. 마찬가지로 순박해 보이는 농민들도 나중에는 봉기하여 압제자들을 학살한다.

디킨스의 뜨개질 이미지는 그리스 신화가 뜨개질이나 천짜기와 전통적으로 연관시켰던 숙명과 복수심도 강조한다. 운명의 세 자매 여신은 이 세상에 태어나는 사람들의 팔자를 주관하는데, 첫째 클로토는 운명의 실로 베를 짜고, 둘째 라케시스는 그 길이를 재고, 셋째 아트로포스는 재단한다. 따라서 드파르주 부인의 뜨개질은 분노한 농민들의 손에 죽음을 당하는 희생자들의 숙명을 상징한다.

후작

에브레몽드 후작은 있을 법한 인물이라기보다는 사악하고 부패한 사회질서의 전형이다. 그가 초콜릿을 마실 때 하인들이 늘어서서 시중드는 모습에서 증명되듯 방종하기 짝이 없고, 자기 마차에 치어죽은 어린애의 아버지에게 전혀 동정심을 보이지 않는 모습에서 보듯 농민들의 삶에 아주 무관심하다. 이처럼 후작은 프랑스 혁명이 뒤집어엎으려는 귀족들의 무자비한 잔혹성을 상징한다.

Chapter별 정리 노트

Preface
서문

: 줄거리

디킨스는 여기서 〈두 도시 이야기〉는 친구 윌키 콜린스가 썼고 자기가 직접 배우로 출연했던 연극 〈깊은 바다〉에서 영감을 받아 집필했노라고 밝힌다. 이어 이 소설이 프랑스 혁명—'그 끔찍했던 시기'—에 대한 독자들의 이해를 돕기 바란다면서도 토머스 칼라일의 〈프랑스 혁명사〉를 능가하지는 못할 것이라고 덧붙인다.

Chapters 1-4

Chapter 1 시대

최고의 시기이자, 최악의 시기였다. 지혜의 세월이었고, 어리석음의 세월이었다.

표제가 말해 주듯 1장은 소설의 무대인 영국과 프랑스의 1775년을 규정하고 있다. 이 시대는 서로 맞서는 사람들의 마음가짐에 의해 특징 지워졌으나—최고의 시기이자, 최악의 시기였다.—디킨스가 살던 '당시'와 닮은 시대이기도 하다. 영국에서는 대중들이 종교적 예언들, '콕 골목길의 유령'이란 불가해한 현상, 그리고 영국 식민지 미국이 조지 3세 국왕에게 보냈다는 독립 요구들을 두고 걱정이 한창이다. 한편, 프랑스에서는 기요틴의 설치를 예견케 하는 왕의 과도한 지출과 극심한 폭력사태가 벌어지고 있다. 그러나

치안과 질서의 측면에서는 영국 사회도 '나라의 자랑거리
를 별로 내세울 수 없는' 형편이다. 범죄와 극형이 판을 치
고 있기 때문이다.

　민중들은 죽어라 일했지만 갈수록 형편이 어려워지자
마침내 혁명을 준비하기 시작했다.

Chapter 2　우편마차

　1775년 11월 하순의 어느 금요일 밤, 우편마차 한 대
가 런던을 떠나 도버로 가고 있다. 가파른 언덕에 당도하자
말들의 무게를 덜어주기 위해 승객 세 명이 내려 언짢은 기
색으로 두려움에 가슴을 졸이며 걸어간다. 노상강도가 자
주 출몰하는 지역이기 때문이다. 칠흑 같은 어둠과 짙은 안
개 속에서 말발굽 소리가 나고 이어 승객 가운데 텔슨은행
의 자비스 로리를 찾는 목소리가 들려온다. 승객들과 마차
호위자는 노상강도를 만난 것으로 여기고 긴장하지만, 로
리 씨는 텔슨은행의 잡역부 제리 크런처의 목소리란 것을
알아차리고 안도한다. 크런처는 로리에게 쪽지를 건네는데,
"도버에서 아가씨를 기다리시오"라고 적혀 있다. 로리가 은
행으로 돌아가서 "소생했음"이란 회답을 전하라고 지시하
자 크런처는 이내 말머리를 돌린다. 크런처는 '참으로 이상
야릇한 전갈'이 무슨 뜻인지 내내 궁금하다.

Chapter 3 밤 그림자

곰곰이 생각해 보면 놀라운 사실은 모든 인간이 서로에게 아주 뜻 깊은 비밀스러운 존재이자 신비한 존재란 것이다.

낯선 승객 두 명과 함께 마차 여행을 하는 로리도 바로 그 경우에 해당한다. 세 사람은 각자 가슴 속에 간직한 비밀을 생각하다가 잠이 든다. 로리는 비몽사몽 상태에서 주로 은행 업무에 관한 꿈을 꾸지만, 마음속에서 '결코 사라지지 않는 또 한 가지 흐름의 생각'이 있다. 자기가 누군가를 무덤에서 꺼내주기 위해 가고 있다는 것. 로리는 그 사람과의 거듭되는 대화를 상상한다. "얼마나 오래 묻혀 있었느냐"는 로리의 물음에 그는 "18년 가까이 된다"고 답한다. 로리는 그 사람에게 이제는 '소생했다'며 뜬금없이 "그 아가씨를 데려올까요? 아니면 직접 가서 만나보시겠습니까?"라고 묻는다. 이 질문에 대한 남자의 대답은 일정하지 않다. 어떤 때는 너무 빨리 그 여자를 만나게 되면 자기가 죽을 것이라고 말하고, 또 어떤 때는 당장 만나게 해달라고 울면서 애원하기도 하는 것.

Chapter 4 준비

다음날 아침, 로리는 도버의 로열조지 호텔에 도착한다.

말끔하게 차려 입고 호텔 방을 나서는 모습은 예순이라는 실제 나이보다 한결 젊어 보인다. 그날 오후, 웨이터가 루시 마네트가 런던에서 도착했다고 알린다. 로리가 '금발에 체구가 작고 가냘프며 아주 아름다운 모습의' 아가씨를 만난다. 그녀는 텔슨은행으로부터 '오래 전에 돌아가신 불쌍한 아버지의 재산에 관해… 모종의 새로운 사실이 발견되었다'는 전갈을 받은 터였다. 로리는 텔슨은행이 그녀를 파리로 데려가려는 진짜 이유를 말해 준다. 유명한 의사였던 아버지가 생존해 있다는 것이다.

"아가씨의 아버님을 파리에 있는 옛 하인의 집에 모셔다놓았고, 우린 지금 그곳으로 가려는 겁니다. 저는 할 수만 있다면 그분의 신원을 밝히기 위해, 아가씨는 그분께 삶과 사랑, 임무와 휴식, 그리고 위안을 되찾아드리기 위해 가는 겁니다."

루시가 충격을 받아 실신하는 순간, 덩치가 크고 우락부락하게 생긴 하녀 프로스 양이 달려 들어와 로리를 밀쳐 내고 그녀를 돌본다.

소설의 첫 문장은 그 제목처럼 양자대비가 갖는 중요

성을 분명히 밝힌다.

　최고의 시기이자, 최악의 시기였다. 지혜의 시절이었고, 어리석음의 시절이었다. 믿음의 시대였고, 불신의 시대였다. 빛의 계절이었고, 어둠의 계절이었다. 희망의 봄이었으며, 절망의 겨울이었다.

　양자대비법은 이 소설의 구성, 줄거리, 주요 주제들의 본질적 요소다. 소설 초반부의 주제인 부활의 관념은 어떤 형태로든 그 대립물인 죽음이 없으면 불가능하다. 디킨스는 첫 번째 부활─장기 투옥되었던 마네트 박사의 소생─의 길을 마련하기 위해 죽음을 암시하는 음침하고 불길한 분위기를 조성하려고 애쓴다. 칠흑같이 어둡고 짙은 안개에 휩싸인 도버행 우편마차의 행로에서부터 로리와 루시가 만나는 방의 컴컴한 벽에 이르기까지 소설 초반부는 음산한 구석과 의미심장한 그림자들로 가득 차 있다.

　어둠과 비밀에 대한 이 같은 묘사는 소설 초반에 고딕 양식의 기괴한 분위기 조성에도 기여한다. 18세기 말부터 19세기 초까지는 고딕 문학, 즉 황량한 배경, 초자연적인 소름끼치는 사건, 그리고 폭력 사태를 통해 불안하고 신비로운 분위기를 자아내는 소설 장르가 지배적이었는데, 메리 셸리(Mary Shelly. 1797-1851)의 〈프랑켄슈타인 *Frankenstein*〉(1818)이나 에밀리 브론테(Emily Bronte. 1818-48)의 〈워더링 하이츠 *Wuthering Heights*〉(1847) 같은 고전들이 영국 문학에서 고딕식 주제라는 강력한 전통이 자리 잡도록 일조했다. 야간마차를 뒤쫓아 나타난 제리 크런처의 수수께끼 같은 모습, 누군가를 무덤에서 꺼내주기 위해 지하묘지를 헤매고 있는 로리의 소름끼치는 환상은 이전 고딕 양식 소설들의 오싹하고 초자연적인 느낌을 불러일으킨다.

이 장들에 퍼져 있는 모호함은 디킨스가 항상 생각하는 '놀라운 사실'을 가리킨다. 즉 그가 지나치는 모든 집의 방 하나하나에 있는 사람들은 저마다 심지어 가장 친한 친구나 가족, 애인조차도 모르는 비밀을 간직하고 있다는 것이다. 소설이 진행되면서 독자들은 디킨스가—마치 로리가 박사를 황폐한 감옥생활의 경험에서 '파내'야 할 것으로 예상하고 있듯이—등장인물들에게 본질적 요소와 동기를 부여할 비밀들을 캐내는 것을 목격하게 된다.

비밀은 디킨스 특유의 방식대로 조금씩 발굴되어 아주 천천히 밝혀진다. 마네트 박사의 수감생활이 가져온 끔찍한 영향은 이어지는 장들에서 드러나지만, 독자들은 소설 끝부분에 가서야 그 원인을 알게 되는 것이다. 이러한 이야기 전개방식은 주로 디킨스의 집필 형식 탓이다. 〈두 도시 이야기〉는 애초에 연재물—1859년 4월 20일부터 11월26일까지 주간지의 연재소설—로 발표된 것이었다. 이 같은 형태를 감안하면, 이 소설의 장들이 비교적 짧고 부제가 달린 이유를 이해할 수 있는데, 차례로 읽어나가면 전체 줄거리를 대강 알 수 있을 정도다. 예를 들어, 제2권의 처음 세 장은 각각 "5년 후", "풍경", "실망"이라는 부제가 달려 있다.

문학적 재능 이외에 날카로운 사업 감각까지 겸비했던 디킨스는 그와 역량이 비슷한 대다수 다른 작가들과 달리 독서계가 무엇을 원하는지 빈틈없이 알고 있었고, 또 가능한 한 많은 독자를 목표로 삼는다고 거리낌 없이 시인했다. 이전 소설들처럼 이른바 대중소설을 목표로 집필한 〈두 도시 이야기〉도 독자들을 이야기 속으로 끌어당기는 한 가지 기법은 조마조마한 분위기를 조성하는 것이었다. 디킨스는 소설 초반의 네 장을 가지고도 벌써 독자들에게 해답을 요하는 수많은 질문들을 던져놓아 기대감과 흥분을 자아내고 있다.

Chapters 5-6

Chapter 5 술집

술은 포도주였다. 그래서 좁은 거리의 바닥을 (뻘겋게) 물들여놓았다.

무대는 영국의 도버에서 파리 교외의 빈민가 생탕투안으로 옮겨진다. 술통 하나가 거리의 보도에 떨어지자 사람들이 달려든다. 남자들은 무릎을 꿇고 포석에 고인 술을 손으로 퍼 마시고, 여자들은 손수건을 포도주에 적셔 아기들의 입에 짜넣는다. 어떤 사내는 '질퍽한 포도주 앙금'에 손가락을 찍어 담벼락에 "피"라고 낙서한다.

술집 주인은 '목이 굵고 싸움깨나 하게 생긴 30대 남자' 드파르주 씨인데, 굶주린 사람들이 엎질러진 포도주나마 공짜로 먹을 수 있게 된 것이 다행스러웠다. 드파르주 부인은 계산대 뒤에 앉아 매서운 눈초리로 주위에서 벌어지는 일을 하나하나 유심히 살핀다.

남편이 술집에 들어오자 부인은 눈으로 나이 든 신사와 젊은 숙녀가 와 있다고 신호한다. 드파르주는 그 낯선 사람들(로리와 루시)을 눈여겨보면서도 모른 척, 서로를 '자크'(혁명세력이 신분을 밝히는 암호명)라고 부르는 낯익은 손님 세 명과 잡담을 나누다가 건너편 5층 방으로 보낸다. 구석에서 나타난 로리와 잠시 이야기를 나눈 드파르주가 두 사람을 데리고 가파르고 위험한 층계를 올라간다. 지저분한 층계참으로 올라가니 술집에서 나갔던 세 남자가 벽 틈으로 방 안을 엿보고 있다. 로리가 '박사님을 구경거리로 삼는 것'이냐며 드파르주에게 따지듯 묻자, '그분의 모습이 좋은 영향을 미칠 만한' 선택된 사람들에게만 보여주고 있다고 말한다. 드파르주가 잠긴 문을 열고 들어가자 어두컴컴한 방에서 열심히 구두를 만들고 있는 백발노인의 모습이 보인다.

Chapter 6 구두 짓는 사람

넝마나 다름없는 옷을 걸친 깡마른 마네트 박사가 소름이 끼칠 만큼 맥없는 목소리로 '최신 유행'하는 숙녀화를 만들고 있다면서도 그런 구두를 본 적은 없다고 말한다. 로리가 이름을 묻자, "북탑 105호"라고 대답한다. 다시 로리가 드파르주를 가리키며 자기들이 기억나지 않느냐고 묻자 박사는 모르는 표정이다. 루시가 박사 곁으로 다가와 무릎을 꿇고 가만히 얼굴을 쳐다본다. 그녀의 환한 금발을 보고 박사가 목에 두르고 있던 넝마의 매듭을 풀자 똑같이 환한 금발머리 몇 가닥이 나온다.

루시를 아내로 착각한 박사는 수감 첫날 옷소매에 붙어 있던 아내의 머리카락 몇 가닥을 간직하게 해달라는 청을 했었노라고 회상한다. 루시는 만약 자기 목소리나 머리카락이 전에 사랑했던 분을 떠올리게 한다면 울라면서 아버지를 집으로 모셔가기 위해 왔다고 암시하고, '고통은 끝났다'고 힘주어 말한다. 박사는 너무 감격한 나머지 쓰러진다. 루시는 아버지를 즉시 런던으로 모셔갈 수 있도록 준비하라고 독촉한다. 박사의 건강을 염려한 로리가 반대하지만, 루시는 파리에 계속 머물기보다는 여행하는 편이 더 안전하다고 고집한다. 드파르주가 동감을 표시하고 일행을 마차로 안내한다.

5장과 6장에서는 두 도시 가운데 파리를 소개한다. 5장 "술집"의 엎질러진 포도주를 둘러싼 소동은 이 소설에서 가장 기억에 남는(그리고 자주 인용되는) 장면으로 꼽히는데, 여기서 디킨스는 루시와 마네트 박사의 이야기가 펼

쳐지는 포괄적인 역사적 배경을 마련한다. 프랑스 혁명은 14년 후에나 발발하지만, 깨진 술통은 농민들을 혁명으로 이끌게 될 고통과 분노를 암시한다. 깨진 술통을 둘러싼 장면은 악몽 같은 구석이 있다. 포도주는 술 앙금을 먹으려고 기어오르는 군중들의 손발과 얼굴을 온통 더럽히면서, 귀족들과 정치적 반대세력의 피가 물처럼 흐르게 될 다가오는 혼란을 예고한다. 담벼락에 "피"라고 갈겨쓴 불길한 낙서도 폭력사태의 전조다. 여기서 디킨스는 혁명에 관한 모순된 생각을 드러낸다. 소설 전체에 걸쳐 끔찍한 사회 상황이 농민들을 폭력사태로 이끌었다고 인정하면서도 그들의 행동은 결코 용납하지 않는 것. 그의 소설에서 폭도들은 자유를 약속하기보다는 위험의 조짐을 나타내는 무시무시한 짐승 같은 존재다. "술통 널조각을 게걸스레 핥아먹던 무리들은 입언저리에 범 같은 얼룩이 생겨 있었다."

디킨스는 농민들을 억압하는 부패 사회를 비판하기 위해 몇 가지 기법을 사용한다. "(프랑스는) 어떤 청년을 산 채로 태워 죽이는 형벌을 선고하는 따위의 인도적 업적을… 즐겼다"(제1권 1장)라는 문장에서 나타나듯 반어법과 풍자의 달인이자, 연속되는 구절이나 문장의 첫머리에 같은 말을 반복하는 수구(首句)반복법도 아주 선호한다. 임박한 농민 봉기를 자극한 결정적 배경인 굶주림에 대한 명상은 그가 자신의 논거를 강조하기 위해 어떻게 반복법을 사용하는지를 완벽하게 보여준다.

굶주림은 고대광실에서 쫓겨나왔다… 굶주림은 그들에게 밀짚과 넝마와 땔감과 종이를 덕지덕지 발라놓았고, 굶주림은 잘라낸 땔나무의 부스러기 하나하나에서도 되풀이되었으며, 굶주림은 연기 없는 굴뚝들을 내려다보았다… 굶주림은 빵집 선반 위의 비문이었다… 굶주림은 엎어진 질그릇에 담긴 군밤들 틈에서 말라빠진 뼈다귀를 달가닥거렸으며, 굶주림은 껍질투성이 감자조각을 넣은 싸구려 죽 그릇마다 티끌처럼 부스러져 있었다…(5장)

이런 식의 반복을 통해 디킨스는 굶주림이 농민들의 삶을 구석구석을 지배하고 있으며, 무슨 일을 하건 굶주림을 떠올릴 수밖에 없다는 상황을 설명하고 있다. 각 구절이 '굶주림'으로 시작된다는 것은 굶주림이 농민들의 최우선 관심사이며, 아무리 해도 굶주림에서 벗어날 길이 없다는 사실을 반영한다. 이 문장들을 소리 내어 읽어보면 가난을 실감하게 된다.

디킨스는 혁명의 배경무대를 설정하는 외에도 여러 가지 인간관계, 특히 마네트 박사와 루시의 관계를 아주 감상적 어조로 나타내고 있다. 아버지를 달래 의식을 깨우쳐주려고 애쓰는 루시는 순진무구하고 청순하고 사랑스러운 여인의 희화화된 모습으로 나타난다. 오늘날 독자들은 대부분 루시의 언행이 지나치게 달콤하다고 생각할 수 있다. "만약… 제가 존경하옵는 아버지 앞에 무릎을 꿇고, 아버지를 위해 하루 종일 노심초사하고 울면서 밤을 지새운 적이 없었다고 용서를 빌어야 한다면… 울어주세요, 울어주세요!" 사실 아버지의 비극을 슬퍼하는 모습으로 그려진 여인으로서의 루시는 설득력이 없다. 그녀의 감정, 언설, 심지어 육체적 아름다움조차 과장법 영역에 속한다. 그러나 디킨스가 의도한 것은 사실적 표현이 아니다. 이 같은 부류의 과장법은 강조와 극적인 효과를 위한 것이다.

파리의 혁명세력들이 서로를 '자크'라고 부른 것은 프랑스 농민들이 귀족에 맞서 일으킨 1358년경의 자크리(Jaquerie) 반란 때부터다. 귀족들은 농민들을 멸시하고 개성을 부인하기 위해 그들을 통틀어 프랑스에서 매우 흔한 '자크'라는 이름으로 불렀는데, 결국 농민들은 이 이름을 내걸고 싸웠던 것이다. 14세기 농민들이 낮은 출생신분을 중심으로 뭉쳤듯이, 디킨스가 묘사한 파리의 혁명세력들도 단합된 전투기구로서 투쟁했다. 예를 들어, 제2권 21장의 바스티유 감옥 습격 장면에서 드파르주는 이렇게 소리친다.

"전진하라, 동지들. 전진! 전진하라, 자크 1, 자크 2, 자크 1,000, 자크 2,000, 자크 25,000… 전진!"

Chapters 1-4

Chapter 1 5년 후

때는 1780년. 런던의 텔슨은행은 '매우 작고, 매우 어둡고, 매우 누추하고, 매우 옹색하다'는 점이 자랑이다. 은행이 좀더 친절했더라면 존경받는 업체라는 지위를 상실했으리란 것이 나이 지긋한 직원들의 생각이다. 은행은 템플 바 옆에 있는데, 얼마 전까지만 해도 정부가 처형당한 죄수들의 머리를 효수하던 장소다. 화자는 지금은 '사형이 크게 유행하는 처방'이기 때문에 문서 위조범, 말 도둑, 야바위꾼에 이르기까지 온갖 죄인들에게 닥치는 대로 적용되었다고 설명한다.

텔슨은행의 심부름꾼이자 잡역부 제리 크런처가 런던의 지저분한 동네에 있는 집에서 기도하는 마누라에게 자기를 '해코지하는 일을 꾸민다'면서 소리를 지르고 진흙투성이 장화를 내던지는 것으로 하루 일과를 시작한다. 그는 언제나 눈이 충혈되어 있었고 밤새 한숨도 자지 못한 사람의 몰골이다. 오전 9시경에 크런처와 어린 아들은 텔슨은행 바깥의 의자에 앉아 은행원들의 지시가 떨어지기를 기다린다. 내근 급사가 짐꾼을 부르자 크런처가 그 일을 떠맡기 위해 자리를 뜬다, 혼자 남은 아들 제리는 왜 아버지의 손가락들에는 늘 녹이 묻어 있는지 궁금해한다.

Chapter 2 구경거리

은행 직원이 크런처에게 올드 베일리 법원으로 가서 자비스 로리에게 쪽지를 전달하라고 지시한다. 쪽지를 전하고 로리의 심부름을 기다리는 동안 크런처가 궁금증을 이기지 못하고 법정으로 들어가 보니 좋은 가문 출신인 것이 분명한 미남 청년(샤를 다네)이 반역 혐의로 재판을 받고 있다. 크런처는 법률용어는 생소했지만, 다네가 프랑스 왕(루이16세)에게 영국이 아메리카 식민지에 군대를 파견할 계획이라는 비밀을 누설한 혐의로 기소되었다는 이야기를 주워듣는다. 다네가 어느 젊은 숙녀와 그녀의 아버지에게 눈길을 주자, 사람들이 그들의 정체를 추측하면서 법정 안이 술렁댄다. 크런처는 그들이 검사측 증인이란 사실을 알게 된다.

Chapter 3 실망

검사장이 배심원들에게 국가 기밀을 프랑스에 넘긴 다네에게 유죄 평결을 내려달라고 요구한다. 차장검사가 심문하는 존 바사드의 진술은 검사장의 논거를 뒷받침해 주지만, 반대심문에서 바사드의 순수성과 정의로움이 손상된다. 그가 채무자 감옥에서 복역했으며, 노름판에서 싸움에 연루된 적이 있다는 사실이 드러나는 것. 검찰은 다음 증인으로 로저 클라이를 불러내는데, 피고인측 변호인 스트라이버 씨는 그 자 역시 수상하고 믿을 수 없는 증인임을 밝혀낸다. 이어 로리 씨가 증언대에 오르자, 검찰은 5년 전에 피고인과 함께 도버행 우편마차를 탄 적이 있느냐고 묻는다. 로리는 동승객들이 모두 옷을 뒤집어쓰고 있었고 캄캄했기 때문에 알아볼 수 없었다고 진술한다. 검찰은 루시에게도 비슷한 질문을 던진다. 루시는 영국행 배에서 피고인을 만났다면서 병든 아버지를 보살피도록 도와주었다는 말로 그를 돕는 듯했으나, 무심코 그가 조지 워싱턴의 명성이 언젠가는 조지 3세와 맞먹게 될 것이란 말을 했다고 밝혀 불리하게 만든다. 마네트 박사도 증언대에 오르지만, 아팠기 때문에 그 여행에 관해 아무것도 기억하지 못한다고 진술한다.

스트라이버 씨가 또 한 명의 증인을 상대로 '별 소득 없는' 반대심문을 펼치고 있는데, 동료 변호사 시드니 카턴이 그에게 쪽지를 건넨다. 스트라이버는 쪽지의 내용대로 카턴의 외모가 놀라울 정도로 피고인과 닮았다는 점에 법정의 관심을 집중시킨다. 두 사람의 닮은 모습에 허를 찔린 법정은 다네를 첩자로 지목하기가 난처해지고, 배심원들은 심리 끝에 다네의 무죄 방면을 결정한다.

Chapter 4 축하

마네트 박사, 루시, 로리 씨, 스트라이버 씨, 다네가 법정을 나선다. 마네트 박사가 지금도 이따금 끔찍했던 지난날의 어둠 때문에 위축되기는 해도 이제는 정직하고 당당한 시민으로 자리를 잡았으나 여전히 남아 있는 불안감을 가라앉혀줄 힘을 가진 사람은 루시뿐이다. 루시는 아버지에게 '참담함 저편에 있는' 과거와 현재를 연결시켜 주는 '황금 실'이다. 다네가 루시의 손에 입을 맞추고 나서 스트라이버에게 잘 변호해 주어 고맙다고 인사한다. 마네트 박사 부녀와 스트라이버는 자리를 뜨고, 그늘에 숨어 있던 술 취한 시드니 카턴이 로리와 다네에게 다가서자 로리가 일을 진지하게 처리할 줄 모른다며 비난하고는 은행으로 돌아간다. 다네를 술집으로 안내한 카턴이 거드름을 피우며 묻는다. "(루시의) 동정과 애정의 대상이 되기 위해 목숨 걸고 재판을 받아볼 만합디까?" 다네가 카턴에게 술이 과한 것 같다고 말하자, 카턴은 "난 희망이란 없는 천덕꾸러기올시다. 나는 이 세상 아무에게도 관심이 없고, 내게 관심을 가져줄 사람도 없어요"라고 대꾸한다. 다네가 떠나자, 카턴은 거울에 비친 자기 모습을 보며 자기와 닮았으나 처지가 딴 판인 다네를 저주한다.

디킨스는 제2권 첫머리의 법정 장면에서 놀라운 범위의 언어를 구사하고, 3인칭 화법을 1인칭 관점과 결합시키는 이른바 자유로운 간접문체 기법을 채택한다. 그는 "샤를 다네는 우리의 평온하옵시고, 탁월하옵시고, 훌륭하옵시고, 기타 등등의 군주를 배신한 반역자 혐의의 기소에 대해 어제 무죄를 주장했습니다"라며 독자들을 무식한 방청객으로 묶어둔 채 다네의 혐의사실을 드러내는데, 여기서는 격식을 갖춘 말(평온하옵시고, 탁월하옵시고, 훌륭하옵시고)과 구어(기타 등등)의 병렬을 통해 야비한 방청객들이 심지어 법정 예절을 알고 있으면서도 사건의 자극적인 세부내용에 지나치게 관심을 보이는 모습을 부각시킴으로써 우스꽝스러운 효과를 내고 있다.

디킨스는 법정 장면을 또 다른 장기인 '희화화(戱畵化)'에 활용하고 있다. 3장 첫머리에 나오는 검사장의 장황하고 거들먹대는 과장된 연설은 난해한 법률용어를 매우 우스꽝스럽게 모방한 것인데, 간접적으로 전체 법률체계뿐만 아니라 검사장도 조롱하는 효과를 갖는다.

"만약 영국에서도 옛 그리스와 로마에서처럼 공공의 은인에게 동상을 세워주는 법령이 선포된다면, 이 빛나는 시민(검찰측 증인)은 확실히 동상을 하나 갖게 될 것입니다. 다만, 그런 법령이 아직은 선포되지 않았으므로, 이 사람은 십중팔구 동상을 갖지 못하게 될 것입니다."

검사장은 검찰측 증인 존 바사드를 극구 칭찬하면서 얼토당토않게 고대 그리스와 로마의 위대한 인물처럼 치켜세우고, 영국에는 아직 해당 법령이 없기 때문에 동상은 세워지지 않을 것이라고 부연함으로써 또 한 번 우스꽝스러운 효과를 내고 있는 것이다.

이 구절은 디킨스의 익살스러운 인물 묘사가 왜 여러 세대에 걸쳐 찬탄을 자아내는지를 잘 보여주지만, 풍자소설과는 거리가 먼 〈두 도시 이야기〉에서는 어쩌면 해학을 자제하기 위해 가장 훌륭한 재능을 발휘하는 기회를 얼마간 희생시켰을지 모른다. 가장 '디킨스다운' 그의 소설들에는 언동이 지극히 과장된 매우 재미나고 우스꽝스러운 등장인물들이 넘쳐난다. 이 소설에서도 제리 크런처만은 더듬거리는 말투, 사나운 기질, 녹이 묻은 손가락들, 진흙투성이 장화 등으로 이런 부류의 인물에 근접해 있지만, 대체로 우스꽝스러운 등장인물 설정을 의식적으로 멀리하면서 등장인물에 살을 붙이기 위해 즐겨 사용하는 대화를 줄이고 서술을 늘리고 있다. 즉 인물보다 줄거리에 중점을 두어 〈두 도시 이야기〉를 디킨스답지 않은 소설로 만든 감이 있는데, 디킨스 전기작가인 존 포스터(John Forster)는 이 같은 중심 이동의 이점에 대해 의문을 표했다.

등장인물보다 사건에 의존하는 것, 그리고 등장인물들이 대화를 통해 표현되기보다 이야기를 통해 자신을 표현하도록 작정한 것은 그에게는 모험이었으며 전적으로 성공한 경험이었다고 보기 힘들다.

샤를 다네와 시드니 카턴이 등장하면서 포스터의 비평은 더욱 적절해진다. 다네는 루시와 마찬가지로 따분한 주인공이고, 두 사람 모두 그 선함과 덕성에서 1차원적인데 사랑이 없다는 카턴이 더 깊이가 있는 것 같다. 다른 사람들이 다네의 석방을 기뻐하고 있을 동안 카턴이 술에 빠져드는 장면은 그가 남모르는 어두운 과거를 지니고 있다는 생각을 갖게 만든다.

Chapters 5-6

Chapter 5 자칼

　‘변호사들 가운데 가장 게으르고 가장 앞날이 어두운’ 시드니 카턴은 술집에서 나와 스트라이버의 사무실로 간다. 두 사람은 몇 시간 동안 일을 하는데, 변론자료는 대부분 ‘자칼’(카턴)이 작성하고 ‘사자’(스트라이버)는 그것에서 요점을 추려낸다. 일을 마친 스트라이버가 다네의 신분에 관해 ‘아주 훌륭한 요점’을 잡아주었다고 칭찬하면서도 학창시절처럼 ‘기분이 좋았다가도 금방 우울한 표정이 되었다’며 그 까닭을 묻는다. 카턴은 그의 삶에는 의욕이나 방향이 없다는 친구의 나무람에 냉소를 보이고, 그동안 스트라이버의 잘나가는 야심에 필적할 수 없어 ‘녹슬어 잠자는’ 생활을 할 수밖에 없었다고 주장한다. 화제를 바꿀 생각으로 스트라이버가 루시 이야기를 꺼내며 미인이라고 칭찬하자, 카턴은 ‘금발 인형’일 뿐이라며 일축한다. 스트라이버는 그의 속내가 궁금하다.

Chapter 6 수백 명의 사람들

4개월 후, 화창한 일요일 오후에 마네트 박사와 친구가 된 로리 씨가 박사의 집을 방문하지만, 프로스 양 혼자서 집을 지키고 있다. 2층으로 올라간 로리는 박사의 침실에서 제화 작업대와 연장통을 보고는 왜 고통을 상기시키는 물건들을 치우지 않는지 궁금해한다.

두 사람은 루시를 찾아오는 수많은 구혼자에 대해 이야기한다. 프로스 양은 구혼자들이 수십, 수백 명씩 찾아온다면서 모두가 '우리 무당벌레 아가씨께는 부족한 사람들'이라고 불평하고, 루시에게 손색이 없는 남자는 자기 남동생 솔로몬 프로스뿐이지만 모종의 실수 때문에 자격을 잃었다고 한탄한다. 그러나 로리 씨는 솔로몬이 누나의 재산을 노름으로 날려 그녀를 가난하게 만든 불한당이란 사실을 잘 알고 있다. 로리가 그녀에게 마네트 박사가 구두 만들던 시절에 대해 말한 적이 있느냐고 묻자, 말씀은 하신 적이 없지만 생각은 많이 하는 것 같다고 답한다.

루시와 마네트 박사가 돌아오고, 얼마 후 다네가 찾아온다. 다네는 런던탑의 감방을 개조하던 어느 인부가 감방 벽에서 "DIG"라고 새긴 글자를 발견했다는 소문을 재소시절에 들었노라며 그 이야기를 들려준다. 처음에 그 인부는 그 글자를 어느 죄수 이름의 머리글자로 착각했으나 이내 '파라(dig)'라는 뜻으로 알고 벽을 팠더니 죄수가 써놓은 편지 같은 것이 들어 있었는데 너무 오래되어 부스러져 있었다는 것. 박사가 고통스러운 듯 머리를 감싸지만, 루시가 '편찮으시냐'고 외치자 곧 정신을 가다듬는다.

　잠시 후, 카턴이 찾아와 다른 사람들과 함께 거실 창가에 앉아 비가 내리는 거리를 바라본다. 폭우가 쏟아지기 전에 피할 곳을 찾으려고 부산하게 움직이는 사람들의 발자국 소리가 메아리처럼 울려온다. 루시가 발자국 소리를 들으면 이따금 그것들이 머지않아 '우리들 삶 속으로' 걸어오는 것처럼 상상된다고 말하자, 카턴이 언짢은 듯이 끼어들어 만약 그 상상이 맞는다면 언젠가는 수많은 군중이 '우리들 삶 속으로' 걸어올 것이라고 대꾸한다.

　5장에서는 '자칼'이라고 소문난 시드니 카턴을 다룬다. 이 단어의 파생적 의미—평판이 나쁘거나 천한 짓을 위임받은 공범자—를 감안하면, 아주 적절한 별명이다. 카턴은 동료 스트라이버의 곁에서 기껏 조수 노릇이나 하는 것 같다. 스트라이버의 승소에 결정적 역할을 하고 변론자료를 도맡아 작성하는 모습에서 그 실력은 인정되지만 야망이 없기 때문에 법정에서는 천장이나 바라보고 법정 밖에서는 허구한 날 술이나 마시면서 처량한 자기 신세를 받아들이며 당연하다는 듯 친구에게 "자네는 자네 대열에 낀 거고, 나는 내 대열에 낀 거지"라고 말한다. 그러나 겉으로는 이처럼 무관심해 보여도 무심코 더 낫고 고귀한 삶에 대한 욕망을 드러낸다. 자기가 존경받을 만한 삶을 살 수도 있었다고 여러 번 암시하고, 4장 끝부분에서는 다네가 그 자신이 될 수도 있었던 사람을 떠올리게 하기 때문에 미워한다고 시인하며, 5장에서도 "운이 따랐더라면, 나도 그 작자(다네)만한 인물이 되었을 것이라고 생각했네"라며 이런 감정을 스트라이버에게 내보이는 것. 이 같은 감정들은 다네를 자기와 닮았지만, 성공과 행복을 거머쥐고 자기를 조롱하는 '닮은꼴'로서 인식하고 분개한다는 증거다. 카턴은 다네를 자기가 누릴 수도 있었던 삶, 자기 자신에게도 바람직한 삶의 구체적 표상으로 간주하고 있는 것이다. 5장 끝부분에서는 카턴의 남모르는 갈망을 암시한다.

이 아름다운 환상의 도시에는 그를 사랑과 은총으로 바라보는 우아한 회랑과 생명의 과일들이 매달려 무르익는 정원, 그의 눈앞에서 반짝이는 희망의 샘물들이 있었다. 한순간, 이 환상은 사라졌다. 그는 집들 사이의 계단통에 있는 방으로 올라가 옷을 입은 채 흐트러진 침대에 몸을 던졌고, 애꿎은 눈물은 베개를 적셨다.

카턴의 실제 삶과 머릿속에 그리는 삶, 현재의 모습과 꿈꾸는 모습 사이에는 넘을 수 없는 간격이 있다. 이처럼 복합적이고 모순된 내면의 삶이 극적인 발전의 길을 터주면서 결국 그는 '자칼'의 신분에서 벗어난다.

디킨스는 6장에서 능숙한 솜씨로 전조 장면들을 통해 카턴의 영광스런 삶으로의 대변신을 암시하는 동시에 두 가지 중요한 줄거리의 반전을 예고한다. 런던탑에서 발견되었다는 수수께끼 같은 편지와 마네트 박사가 괴로워하는 장면은 이후의 재판에서 검찰측이 박사에게 바스티유 감옥에서 쓴 편지를 들이대는 장면을 암시한다. 두 번째 재판이 소설 후반부의 핵심을 이루는 가운데, 이 두 번째 편지의 발견은 줄거리의 주요 부분을 형성하고 등장인물들의 인생의 방향을 좌우하게 된다. 6장에서 유사한 첫 번째 편지 이야기를 통해 두 번째 편지의 발견에 대비시켰기 때문에 두 번째 편지가 등장하면 독자들은 곧바로 그 중요성을 인지하게 된다. 디킨스가 전조를 보여주는 두 번째 사건은 프랑스 혁명이다. 6장의 제목인 '수백 명의 사람들'은 루시를 찾아오는 구혼자 수(프로스 양의 과장)가 아니라 루시와 카턴의 상상처럼 '우리들의 삶 속으로' 들어올 분노한 혁명 군중들을 가리킨다.

Chapters 7-9

Chapter 7 도시의 귀족나리

　　왕궁에서 권세를 누리는 고관대작은 2주에 한 번씩 파리의 대저택에서 접견식을 열었고, 그때마다 문제 해결에 도움을 받으려는 사람들이 몰려들었다. 그 귀족나리는 그 시절에는 당연시되었던 엄청난 사치를 누렸다. 예를 들어, 초콜릿을 마실 때는 시중드는 종자가 넷이나 필요했다. 화자는 귀족나리의 돈을 만지는 사람은 누구나 부패한다고 말한다. 귀족나리는 참석자들을 절반도 만나기 전에 저녁 약속이 있다며 접견식을 끝내버렸다. 집안 문제로 도움을 받고 싶어 찾아왔던 에브레몽드 후작도 마음속으로 귀족나리에게 저주를 퍼부으면서 아래층으로 내려왔다. 평소에 후작은 인도도 없는 좁은 시내 거리를 빨리 달리게 명령하고는 평민들이 마차에 치지 않으려고 허겁지겁 피하는 광경을 보며 아주 흡족해했다. 그날도 마찬가지로 거리를 무섭게 질주하던 마차가 갑자기 덜컥 멈춰서는 동시에 비명소

리가 들려왔다. 어린이 한 명이 마차 바퀴에 깔려 죽은 것
이다. 후작은 분노한 애 아버지(가스파르)에게 금화 한 닢
을 던져주고, 그를 위로하는 드파르주에게도 비아냥대며
금화 한 닢을 던진다. 후작의 마차가 떠나는데 금화 한 닢
이 날아와 마차 안에 떨어진다. 후작은 구경꾼들에게 기꺼
이 누구든 치어죽이겠다며 욕설을 퍼붓고 그 자리를 떠난다.
드파르주 부인이 뜨개질을 하면서 그 광경을 끝까지 지켜
본다.

Chapter 8 시골의 나리

　　후작은 영주 노릇을 하는 조그만 마을에 들어선다. 그
곳 들판은 황량했고 작물도 부실했으며, 사람들 역시 착취
당해 헐벗고 굶주리며 비참하게 살고 있다. 후작은 마차를
타고 천천히 가다가 하인을 시켜 도로를 보수하는 인부 한
명을 데려오게 한다. 그 인부가 후작을 기분 나쁘게 빤히
쳐다보았다는 것이다. 후작이 그 이유를 다그쳐 묻자, 인부
는 누군가가 마차 밑에 매달려 있었다고 대답한다. 마차 밑
을 살펴보게 했으나 아무것도 발견하지 못했다. 후작은 계
속 마차를 타고 가다가 얼마 후 공동묘지의 초라한 무덤 앞
에서 슬픔에 잠겨 있는 어떤 농민 여자를 발견한다. 그 여
인은 마차를 세우고 남편의 무덤 자리를 잊지 않도록 작은
돌이나 푯말을 세울 수 있게 해달라고 간청하지만, 후작은

그녀의 마지막 말이 귀에 닿기도 전에 떠나버린다. 웅장한 대저택에 도착한 후작은 안으로 들어가면서 영국에서 조카가 도착했는지 묻는다.

Chapter 9 고르곤의 머리

밤늦게 후작의 조카 샤를 다네가 마차를 타고 후작의 성에 도착한다. 다네는 삼촌에게 후작의 사후에 물려받게 될 작위와 재산을 모두 포기하겠다면서, 가문의 이름이 '공포와 노예제도'를 연상시키고 그동안 '우리의 쾌락에 걸리적대는 모든 인간들을 해치는' 부끄러운 짓을 해왔다고 주장한다. 후작은 조카의 항의를 일축하면서 '타고난 운명'을 받아들이라고 말한다. 다음날 아침, 후작은 가슴에 칼이 꽂혀 죽은 시체로 발견된다. 칼에 매달린 쪽지에는 이런 글이 적혀 있다.

"이 자를 속히 무덤으로 보내라. 자크."

: 풀어보기

제1권 5장에는 프랑스 농민들이 깨진 술통에서 쏟아진 포도주를 둘러싸고 다투는 장면이 나왔다. 폭도들의 게걸스러움과 타락을 고발하는 이 장면은 디킨스가 혁명을 비판할 때 그 뼈대를 이룬다. 반면, 7장에서는 농민들을 야비하게 학대함으로써 혁명을 초래하는 귀족들에게도 똑같은 비난을 퍼붓고 있다. 여기서도 디킨스는 도시의 귀족나리가 우스꽝스럽게 하인들에게 의존하는 모습을 그리면서 풍자 솜씨를 과시하고 있다.

귀족나리는 초콜릿 시중을 드는 종자들 가운데 한 명만 없어도 그가 찬양해 마지않는 신들 밑에서 드높은 자리를 유지하기가 불가능했다. 혹시라도 창피스럽게 초콜릿 시중을 드는 하인이 겨우 세 명으로 줄어들었더라면 가문 문장(紋章) 바탕에 대한 오점은 헤아릴 수 없었을 것이며, 두 명이었다면 틀림없이 죽었을 것이다.

디킨스가 선택한 '문장 바탕(escutcheon)'이란 단어는 귀족나리의 사고방식을 이해하는 열쇠가 된다. 가문의 문장이야말로 그가 자신의 터무니없는 낭비를 정당화시켜 준다고 생각하는 천부의 귀족신분을 표상하는 것이기 때문이다. 디킨스는 귀족나리가 초콜릿을 마시는 하찮은 짓거리도 여봐란 듯이 요란하게 행동하지 않으면 명성이 손상될지 모른다는 어처구니없는 공포심에 대해 언급함으로써 자신의 권력을 상징하는 문장에 대한 존경심을 깎아내리고 있다. 게다가 나리가 하찮은 음료를 마시는 의식(儀式)에 깊이 관심을 갖는 모습에 주목함으로써 그를 좀더 고상한 동기를 지닌 다른 등장인물들과 대비시킨다. 존경할 만한 등장인물들은 이타적이고 정의로운 목표에 따라 행동하는 반면, 귀족나리는 천박하고 세속적인 본능에 따라 행동한다는 것.

디킨스는 에브레몽드 후작을 통해 엘리트 의식을 지닌 귀족 계급을 그리고 있다. 후작은 자기 마차에 치어죽은 아이의 아버지에게 전혀 동정심을 보이지 않고 오히려 미움과 두려움의 대상이 된다는 것은 지위와 권력을 소유하고 있다는 의미라고 믿고 있으며, 아등바등 살고 고통당하는 것은 평민들의 운명이고 평민들을 억압하는 것은 귀족의 정당한 권리라고 주장한다.

디킨스는 후작을 프랑스 귀족 계급의 표상이자, 따라서 임박한 혁명의 직접적인 원인으로 내세우고 있다. 이른바 의인화를 통해 탐욕, 억압, 증오 같은 추상적 개념들을 인간의 모습으로 만들어내고 있는 것이다. 아주 과장되게 잔인하고 언행이 튀는 후작은 실제 인간, 즉 현실적인 등장인물로는 보기 어렵고, 18세기 프랑스 귀족사회에서 전염병처럼 '배려를 비인간적으로 내던져버린 모습'을 상징하거나 의인화한 것이라고 할 수 있다.

디킨스는 9장을 여는 장면에서 후작의 대저택에 대한 인상을 제시하고 있다.

후작 나리의 대저택은 크고 웅장했다. 건물 앞에는 돌이 깔린 커다란 안뜰이 있고, 돌계단 두 개는 현관 문 앞의 돌 테라스에서 합류하고 있었다. 육중한 돌 난간… 돌로 만든 사람 얼굴들, 돌로 만든 사자 머리들, 사방에 돌로 만들어진 것들뿐이었다. 마치 2세기 전 건물이 완공될 때, 고르곤의 머리가 건물을 살펴보고 가기나 한 것 같았다.

디킨스는 '돌'이란 단어의 반복을 통해 대저택에서 살고 있는 사람에 대한 인상을, 말하자면, 딱딱하게 만들면서, 그의 마음이 대저택의 벽들처럼 차디차다고 암시한다. 고르곤—그리스 신화. 머리카락이 뱀들로 이루어져 있으며, 그녀를 쳐다보는 사람은 누구든지 돌로 만들어버리는 마력을 지녔다.—에 대한 언급은 후작의 죽음을 예시한다. 9장 끝부분에서 대저택에 또 하나의 돌 얼굴—죽은 후작의 얼굴—이 추가되는데, 화자는 그 얼굴을 '갑자기 깜짝 놀라고 화가 나서 굳어버린 돌 가면 같은' 모습이라고 설명한다. 베개를 벤 채 죽어서 누워 있는 후작의 모습은 귀족들의 무자비한 억압을 참을 수 없게 된 군중이 일으키는 폭력과 피바람이 다가오고 있다는 경고인 셈이다.

Chapters 10-13

Chapter 10 두 가지 약속

1년 후. 런던에서 프랑스어를 가르치고 번역일을 하며 중류 정도로 살아가는 다네가 마네트 박사를 찾아가 루시를 깊이 사랑한다면서 그 사랑이 부녀간의 유대를 어지럽히는 일은 없을 것이라고 다짐한다. 박사는 다네가 그처럼 '다정다감하고 남자답게' 말해 준 점을 치하하고, 자기에게 바라는 약속이 있는지 묻는다. 다네는 혹시 루시가 묻는다면 자기 사랑의 진정성을 보증해 달라고 부탁하고, 박사는 그러마고 약속한다. 믿어준 보답으로 다네가 신분을 밝히려 하자 박사는 알고 싶지 않다며 결혼식 날에 듣겠다면서 돌려보낸다. 귀가하는 다네는 행복에 겨워했으나 박사는 심사가 복잡하다. 루시는 아버지가 작업대에서 구두 만드는 소리를 듣고는 깜짝 놀라 그날 밤에 깊이 잠든 아버지를 지켜본다.

Chapter 11 친구의 그림

　　같은 날 늦은 밤, 카턴과 스트라이버가 사무실에서 일을 하고 있다. 스트라이버가 우쭐대며 루시와 결혼할 작정이라고 말하자 카턴은 짐짓 아무렇지도 않은 척하며 술을 들이킨다. 스트라이버는 친구에게 '돈의 가치'를 모른다며 장차 병들고 힘겨운 날을 대비해서 '재산 좀 가진 괜찮은 여자를 찾아 결혼하라'고 권한다.

Chapter 12 고상한 사내

　　다음날, 스트라이버는 루시를 복스홀 가든으로 데려가 청혼할 작정이다. 그가 루시의 집이 있는 소호로 가다가 텔슨은행에 들러 마네트 집안과 가까운 로리 씨에게 의도를 밝히자 로리는 루시가 승낙하리란 확신이 들 때까지 청혼을 미루라고 권한다. 스트라이버는 화를 내며 루시를 '새침떼기 바보'라고 막말을 하는데, 기분이 상한 로리가 청혼을 두어 시간만 미루면 루시의 의향을 떠보겠다고 제안한다. 그날 밤 늦게 로리가 스트라이버를 찾아와 자기의 우려가 확인되었다며 청혼해 봤자 마네트 부녀가 거절할 것이라고 말한다. 스트라이버는 그 모든 일을 '머리 빈 여자들'의 '허영심'이라면서 청혼 문제는 없던 일로 치자고 말한다.

Chapter 13 고상하지 않은 사내

늦은 밤에 자주 마네트 박사의 집 주변을 서성거리던 카턴이 8월 어느 날 집 안으로 들어가니 때마침 루시 혼자뿐이다. 루시가 수척해진 그의 모습을 보고 걱정스러워하자, 카턴은 생활이 엉망진창이라며 지금보다 더 나아지는 일은 없을 것이라고 답한다. 루시는 그가 훨씬 더 훌륭한 사람이 될 수 있다는 말로 위로하고, 방법이 있으면 도와주고 싶다고 덧붙인다. 그 제안을 거부한 카턴은 구원받을 수 없을 만큼 타락했다면서도 언제나 그녀가 '(자기) 영혼의 마지막 꿈'이었고, 가망은 없지만 그래도 새 삶을 꿈꾸게 해주었으며, 이 정도로 자기 마음을 털어놓았고 또 자기에게 아직은 동정받을 만한 구석이 남아 있다는 사실을 알게 되어 기쁘다면서 그녀와 그녀를 사랑하는 사람을 위해서라면 목숨이라도 바치겠노라고 맹세한다.

여기서 디킨스는 루시, 카턴, 다네의 삼각관계를 드러낸다. 그리고 프랑스 혁명을 단순히 백과사전식으로 설명하지 않고, 주인공들의 개인적 갈등과 역사를 대비시켜 각각 혁명과 부활의 가능성을 문제 삼는 소설 주제의 두 가지 측면을 결부시킨다. 예컨대, 카턴도 프랑스처럼 새 삶을 향해 출발하고 있는 것이다.

13장에서는 카턴의 궁극적 변신의 바탕이 마련된다. 루시는 카턴을 보자 태도 변화를 감지하는데, 상당 부분은 그녀에 대한 감정 때문이다. 카턴과 다네는 용모뿐 아니라 루시에 대한 헌신적 사랑도 공유하지만, 카턴의 고백이 좀 더 깊이가 있다. "마네트 박사님, 저는 따님을 맹목적으로, 간절히, 사심 없이, 한마음으로 사랑하고 있습니다. 이 세상에 사랑이란 게 존재한다면, 저는 루시를 사랑합니다"라는 다네의 말에서도 진심이 느껴지지만 좀 진부한 듯하고, 둘째 문장은 낭만파 연애시를 서투르게 모방한 것 같다.

반면, 카턴의 말은 깊은 심리적·감정적 갈등을 드러내면서 좀더 복합적이고, 어쩌면 더 받아들이지 않을 수 없는 감정의 존재를 연상시킨다.

제가 타락하기는 해도 아가씨께서 아버님과 함께 지내는 모습, 또 아가씨께서 잘 꾸려놓은 이 가정의 모습을 보고도 제게서 죽어 없어졌다고 생각했던 옛 그림자들이 되살아나지 않을 만큼 타락하지는 않았습니다… 저는 다시 노력하자, 새로 시작하자, 게으름과 호색을 떨쳐버리자, 그리고 단념했던 싸움을 끝까지 싸워나가자, 하는 막연한 생각을 갖게 되었습니다.

카턴은 사랑을 표현하면서 속마음을 털어놓아 독자들의 공감을 얻지만, 다네는 사랑을 객관적·사실적으로 진술한다. 카턴이 '옛 그림자들'이나 '단념했던 싸움' 같은 은유법을 사용하는 이유는 자신의 마음속 깊은 느낌을 완전히 파악하지 못했기 때문인 것 같다. 한편, 다네는 말에 담긴 감정을 생각해 볼 겨를도 없이 자신의 경험을 쉽게 '사랑'이라고 단정한다.

루시가 (카턴을) 보다 나은 길로… 소생시켜' 줄 수 있을지 추측하는 장면은 소설 첫 부분에서 로리가 마네트 박사를 소생시킬 때를 연상시킨다. 마네트 박사는 감옥에서 거의 20년을 허비한 일종의 죽음을 겪은 끝에 사랑과 헌신의 삶으로 다시 태어났다. 이제 카턴도 단념했었다고 주장하는 사랑과 의미를 얻기 위한 싸움에서 승리하려면 일종의 죽음이나 희생을 당해야 할 것이다.

〈두 도시 이야기〉에서 그동안 볼 수 없었던 디킨스 특유의 유머는 12장의 스트라이버에 대한 묘사에서 빛을 발한다. 스트라이버(Stryver)라는 이름을 통해 거물 변호사로 성공하려고 애쓰는(strive) 기본적인 성품을 암시하고, 12장에서는 루시 마네트에게 결혼 승낙을 받으려고 시도하다가 포기하는데, 익살스럽게도 "고상한 사내"라는 부제를 달아 상스러운 성품을 더욱 부각시킨다. 스트라이버가 청혼을 미루라는 로리의 권유에 퉁명스럽게 응수하는 모습에서는 인물의 성격을 대화를 통해 드러내는 디킨스의 재능을 접하게 된다.

"(루시에게) 지금 가시렵니까?" 로리 씨가 물었다.

"당장이요!" 스트라이버가 주먹으로 책상을 치며 말했다.

"그런데, 저 같으면 안 갈 텐데요."

"그래요?" 스트라이버가 말했다. "제가 선생을 꼼짝 못할 궁지에 몰아넣어 보죠." 그가 마치 법정에서 변론하듯 로리에게 집게손가락을 흔들어대며 말했다. "선생은 사업가시니까 틀림없이 이유가 있으실 겁니다. 이유를 진술해 보세요. 왜 안 가신다는 겁니까?"

로리의 물음에 스트라이버가 즉각 대답하며("당장이요!") 책상을 치는 모습은 흔들림 없는 맹목적 야심을 나타내고, 손가락을 흔들어대며 '이유'를 대라고 다그치는 모습은 스스로를 높게 평가하는 공격적인 성품을 드러낸다. 독자들은 그가 결혼 문제를 법정에서 사건 다루듯 대하는 모습을 보면서 사랑 때문에 청혼하려는 것이 아님을 알게 된다.

Chapters 14-17

Chapter 14 정직한 장사꾼

어느 날 아침, 텔슨은행 밖에서 아들과 무료하게 앉아 있던 제리 크런처는 장례행렬이 다가오자 달려 나가 조롱과 야유를 보내며 뒤따르는 군중들 틈에 끼어든다. 그리고 사람들에게 물어 그것이 로저 클라이의 장례행렬이란 사실을 알게 된다. 클라이는 유죄 판결을 받은 첩자로서 법정에서 다네에게 불리한 증언을 했던 인물이다. 마차를 뒤따르던 군중들 가운데 몇 사람이 관과 상주를 끌어내리자고 제안하자 순식간에 사람들이 달려들었고, 겁먹은 상주는 달아났다. 마차를 교회묘지로 끌고 가 클라이를 매장하고 나자 새로운 오락거리가 필요했던 군중들은 마주친 행인들에게 첩자 누명을 씌워 '복수를 자행'했다.

그날 저녁, 귀가한 크런처는 아내의 기도에 대해 또 한 바탕 장광설을 늘어놓고는 '낚시를 간다'며 집을 나선다. 교회묘지까지 아버지와 두 사내를 미행했던 크런처의 아들

은 무덤에서 파낸 관 뚜껑을 아버지가 열려는 순간에 혼비
백산 줄행랑을 친다.

다음날 출근길, 아들이 '송장 도굴꾼이 무슨 일을 하는
사람'인지 묻는다. 크런처는 '과학 도구의 한 분야를 취급
하는 장사꾼'이라고 답한다. 아들이 자기도 커서 그런 사람
이 되겠다고 말하자, 자칭 '정직한 장사꾼' 크런처는 흐뭇
한 기분이 든다.

Chapter 15 뜨개질

파리. 외출했던 드파르주가 도로보수 인부와 함께 그
의 술집에 들어서면서 인사말을 던지고 "날씨가 좋지 않다"
고 말하자 세 사람이 하나씩 빠져나간다. 나중에 드파르주
와 그 인부는 마네트 박사가 거처하던 방으로 가서 그들과
합류한다. 드파르주는 그 '자크들'에게 자기가 말했던 증인
이라며 '자크 5'라고 소개한다.

인부의 증언이 이어진다. 1년 전 어느 여름날 후작의
마차 밑에 매달린 사람(가스파르)을 본 적이 있으며, 몇 개
월 후에는 작업을 마치고 귀가하려다가 그 사람이 피와 흙
먼지가 범벅이 된 채 여섯 병사들의 호송을 받으며 끌려가
는 광경을 목격했다. 모든 마을사람들이 뛰어나와 그 사람
이 감옥 속으로 빨려 들어가는 모습을 구경했다. 그 사람은
높이 매달린 강철우리에 갇혀 며칠 동안 마을사람들에게

공시되었으며, 후작 살해 혐의로 유죄 판결을 받았으나 아들 때문에 범행을 저질렀다는 탄원서가 왕에게 전해져 처형당하지 않을 수도 있다는 소문과 끔찍한 고문을 당한 후에 능지처참을 당할 수도 있다는 소문이 돌았다.(실제로 드파르주가 마차를 타고 지나가는 국왕 부처에게 탄원서를 전달하고 호위병들에게 두들겨 맞은 일이 있었음) 그러나 결국에는 마을 한복판으로 끌려나와 처형되었다는 이야기였다.

자크 1이 인부에게 밖에 나가 잠시 기다리라고 말한다. 방에 남은 자크들은 그 가문을 몰살시키자고 주장한다. 혁명 후에 처형할 사람들의 명단을 뜨개질하고 있는 드파르주 부인에게 또 일거리가 생긴 것이다. 자크 2가 처형자 명단이 발각될 우려는 없는지 묻자 드파르주는 명단은 아내의 뜨개질에 그녀만 해독 가능한 암호로 기록되어 있으니 그녀를 믿자고 답한다.

주말에 드파르주 부부는 루이 16세와 마리 앙트와네트 왕비를 보고 싶다던 인부를 데리고 베르사유 궁으로 간다. 인부는 국왕 부처가 나타나자 "전하 만세!"를 외치며 열광한다. 드파르주는 '인부가 짤막한 열광적 애정의 대상들에게로 훨훨 날아가 그들을 산산조각내지 않도록' 제지하면서도 그 모습에 흡족해한다. 귀족들이 농민들의 충성심을 계속 믿으면 자신들의 계획이 더 쉬워질 것이기 때문이다.

Chapter 16 여전한 뜨개질

드파르주 부부는 그날 밤 늦게 생탕투안 거리로 돌아간다. 경찰관인 '자크'가 드파르주에게 존 바사드라는 영국 첩자가 이 지역에 배치되었다고 알려준다. 드파르주 부인은 그 이름을 뜨개질하기로 결정한다. 같은 날 밤, 드파르주는 생전에 혁명이 일어나지 못할 것이라고 걱정하지만, 부인은 남편의 조급함을 나무라면서 혁명을 번개와 지진에 비유한다. 그것들은 눈 깜짝할 사이에 엄청난 힘으로 피해를 주지만, 형성되기까지 얼마나 시간이 걸릴지는 아무도 모른다는 것이다.

다음날, 바사드가 술집에 들러 혁명 동조자를 가장하여 폭정에 대해 언급한다. 드파르주가 마네트 박사의 하인이었다는 사실을 알고 있는 그는 박사의 딸이 후작의 조카인 다네와 결혼할 예정이라고 알려준다. 바사드가 떠나간 후 드파르주 부인이 다네의 이름을 명단에 추가하자 드파르주는 불안하다.

Chapter 17 어느 날 밤

결혼식 전날 밤. 마네트 부녀가 행복한 표정으로 정원에 앉아 있다. 마침내 투옥생활의 기억을 잊기 시작한 박사는 석방 이후 처음으로 바스티유 감옥 시절을 회상하면서 루시가 크면 어떤 인물이 될지를 상상하며 지냈고, 지금은

‘위안과 회복’을 가져다준 딸 덕분에 아주 행복한 생활을 하고 있다. 그날 밤 늦게 루시는 아버지의 방으로 살짝 내려가 곤히 잠든 얼굴을 들여다본다.

이 소설에 등장하는 여러 가지 어두운 그림자 중에서는 죽음의 그림자가 가장 크게 모습을 드리운다. 소설의 주 관심사가 부활이기 때문에 죽음이 등장할 수밖에 없는 것. 제리 크런처의 아들이 공동묘지까지 아버지를 미행했다가 도망치는 장면은 극적인 효과는 별로 없지만 매우 중요한 기능을 한다. 어린이가 관이 쫓아오는 환상을 머릿속에 그리며 달아나게 함으로써 모두를 짓누르며 괴롭히는 죽음의 상징을 만들어내고 있는 것.

평론가 G. 로버트 스테인지(G. Robert Stange)는 이 소설에서 회화적(繪畵的)인 묘사기법이 중요한 역할을 하고 있다고 지적한다.

“디킨스는 시종일관 중요한 에피소드들을 엄격하게 극적이기보다는 좀더 시각적인 독립된 장면들로 나누는 경향을 보인다.”

14장도 그 기법, 즉 클라이의 장례행렬을 회화적으로

묘사하면서 시작된다. 이상야릇하고 괴상한 형상이 강조된 이 장면에서는 디킨스 특유의 괴기스러운 감각을 엿볼 수 있다. 이 장면의 중요성은 장례식에 참석한 군중들의 묘사에도 들어 있다. 여기서도 디킨스는 폭도들의 의식구조를 계속 비판하는데, 아주 우스꽝스럽게 그리려고 하면서도 나중에 파리에서 벌어질 무분별한 광란상태와 집단적 폭력사태를 미리 맛보여주고 있다. 예를 들어, 크런처가 잘 알지도 못하는 사람의 장례행렬에 끼어들어 죽은 사람을 열나게 비난하는 모습은 군중의 분노와 흥분이 전염병처럼 전파된다는 증거다. 실제로 시체를 매장하고 나서도 폭도로 변한 군중은 식지 않는 열기 때문에 행인들을 괴롭히기 시작한다. 디킨스는 나중에 숫돌에 칼을 갈러 모인 사람들(제3권 2장)과 카르마뇰 춤을 추는 사람들(제3권 5장)을 묘사하는 장면에도 이처럼 끔찍한 군중심리를 끼워 넣고 있다.

크런처가 만들어놓은 희극적인 분위기는 그 초점이 복수와 증오심에 불타는 드파르주 부인에게로 모아지면서 불길한 분위기로 바뀐다.(15장) 사실, 그녀의 성품은 14장에서도 예시되었다. 관을 묻고 난 군중들이 '복수'를 외치며 무고한 행인들을 첩자로 몰아세우는 장면은 혁명세력들, 특히 드파르주 부인의 무차별적인 증오심을 미리 보여준 것이다. 15장과 16장은 귀족 계급에 대한 증오심의 상징인 그녀의 뜨개질을 다루고 있다. '자크 2'가 드파르주 부인이 언제라도 뜨개질 명단을 해독할 수 있는지 묻는 것은 편집광적으로 피에 굶주린 그녀가 명단과 상관없이 무고한 사람까지도 죽이려 할 경우가 생길 수도 있다는 암시다.

이 뜨개질 모티프는 당시 여인들이 종종 뜨개질을 하면서 처형 장면을 지켜보았다는 여러 학자들의 역사 기록에서 따온 것이다. 그러나 그 소일거리가 드파르주 부인의 손에서는 중요한 상징적 의미를 갖는다. 그리스 신화에는 인간의 인생을 좌우하는 세 자매 여신이 나오는데, 첫째는 인생의 천을 짜고, 둘째는 그 천을 재고, 셋째는 재단한다. 디킨스도 유사한 은유를 도입하고 있다. 드파르주 부인의 뜨개질은 복수심에 불타는 농민들의 손에 죽어야 할 희생자들의 운명을 상징하게 되는 것이다.

Chapters 18-21

Chapter 18 아흐레 동안

결혼식장으로 떠나기 전에 마네트 박사와 다네가 대화를 나누고 서재를 나오는데, 박사의 안색이 '너무나 창백'하다. 다네와 루시는 결혼식을 마치고 신혼여행을 떠난다. 그 즉시 박사에게 커다란 변화가 일어난다. 방에서 구두를 만들던 때처럼 겁에 질리고 어찌할 바를 모르는 표정이 되살아난 것이다.

그날 오후, 프로스 양과 로리 씨는 구두를 만들고 있는 박사를 발견한다. 두 사람은 그 사실을 아무에게도 알리지 않기로 결정하고, 신혼부부가 여행에서 돌아올 때까지 증세가 회복되지 않을 것을 걱정하면서 아흐레 동안 조심스럽게 지켜본다.

Chapter 19 의견

열흘째 되는 날. 그동안 휴가를 내고 박사를 돌보던 로리가 아침에 깨어보니 구두 연장은 깨끗이 치워져 있고, 박사는 평상시처럼 책을 읽고 있다. 로리는 친구의 일이라며 그 같은 발작이 왜 일어나는지 조심스럽게 묻는다. 박사는 어떤 자극이 모종의 기억을 불러일으켰기 때문이라며, 로리와 프로스 양에게 앞으로는 그런 상황이 일어나지 않을 테니 병이 재발하는 일은 없을 것이라고 안심시킨다. 로리는 그 환자는 증상이 도지면 대장장이가 직업인 양 착각한다면서 그의 연장이 어떤 충격과 연관되어 있다면 그것들을 치워서 고통스러운 기억을 지우게 해주는 것이 좋지 않겠느냐고 묻는다. 박사는 대장장이가 마음의 고통을 달래기 위해 그 연장을 사용하는 것이니 그대로 간직하도록 내버려두어야 한다면서도 딸을 위해서라면 반드시 그가 없을 때 치우라고 주의를 준다.

로리와 프로스 양은 박사가 외출한 동안 구두작업대를 부숴 태우고, 연장들은 파묻어버린다.

Chapter 20 간청

루시와 다네가 신혼여행에서 돌아오자 가장 먼저 찾아와 축하를 해준 사람은 카턴이었다. 카턴은 재판이 있던 날 밤 만취했던 일을 사과하면서 다네와 친구가 되고 싶다고 말한다.

"당신이 보잘 것 없는 놈도… 가끔 드나드는 것을 참고 받아들일 수 있다면, 내가 특권을 가지고 이 집에 드나들 수 있도록 허락해 달라고 부탁하고 싶소."

카턴이 돌아간 후, 다네가 카턴의 말을 들려주면서 곧잘 경솔해지고 분별력을 잃는다고 평하자, 루시는 너무 심한 말이라면서 마음에 상처를 지니기는 했지만 선량한 마음씨를 가진 사람이라고 말한다. 다네는 앞으로 카턴의 결점을 따뜻하게 대하겠다고 약속한다.

Chapter 21 메아리치는 발소리

여러 해가 지나간다. 루시와 가족은 평온한 삶을 누리고 있으며, 남매를 낳았으나 아들은 어릴 때 죽었다. 카턴은 2주에 한 번 정도씩 루시의 집을 찾아와 가족들을 물끄러미 바라보다 돌아가곤 했는데, 루시의 자녀들과도 각별한 관계였다. 루시는 여전히 거실 모퉁이에 앉아 아래쪽 거리에서 메아리치는 발자국 소리에 귀를 기울이는 버릇이 있다. 1789년이 되자 그 메아리는 '멀리서부터' 울려 퍼지며 마치 '프랑스에 바다가 사납게 일어나면서 큰 폭풍이 부는 것' 같은 소리를 냈다. 7월 어느 날, 로리가 다네를 찾아와 요즈음 엄청난 수의 프랑스인들이 돈과 재산을 영국으로 보내오고 있다고 알려준다.

　파리. 군중들이 바스티유 감옥으로 쳐들어가는데, 드파르주 부부가 지도자 노릇을 하고 있다. 드파르주는 바스티유 감옥에 들어가자 옥리 한 명의 멱살을 움켜잡고 북탑 105호 감방으로 안내하라고 윽박지른다. 자크 3과 감방 안을 샅샅이 뒤진 드파르주는 군중과 합류한다. 군중들이 감옥 소장을 살해하자, 드파르주 부인이 그의 목을 벤다. 바스티유 감옥의 습격을 기점으로 재판도 없는 광적인 살육의 막이 올랐다.

　등장인물들 거의 모두가 어떤 형태로든 투옥생활과 싸운다. 마네트 박사와 다네는 실제로 감옥생활을 하지만, 다른 등장인물들도 부지불식간에 감방 못지않게 괴로운 정신적 감금을 겪는 것. 예를 들어, 시드니 카턴은 의욕상실 상태에서 벗어날 수 없는 것처럼 보이고, 다네는 가문의 짐을 떨쳐버리려고 애쓰며, 로리는 정신적으로 텔슨은행이란 족쇄를 탈피하려고 노력한다. 끝으로 마네트 박사는 지금도 여전히 바스티유 수감 시절의 괴로운 기억과 싸우고 있다. 다네의 신분을 알게 된 박사는 정신을 놓고 다시 구두를 만든다. 이 에피소드는 자유를 향한 투쟁의 개념을 정치적 혁명 차원에서 개인적 차원으로 옮기고, 국가와 마찬가지로 모든 인간도 억압하는 힘으로부터 벗어나기 위해 힘쓴다는 점을 암시한다.

루시가 거실에서 거리의 발자국 소리에 귀를 기울이는 장면으로 시작되고 이어 바스티유 감옥 습격 장면으로 바뀌는 21장에서는 개인적 투쟁과 공적인 투쟁의 유사성을 좀더 상세히 설명하고 있다. 발자국 소리는 독자들을 사생활의 개인적 투쟁에서 프랑스와 유럽 대륙의 장래를 형성하게 될 혁명으로 인도한다. 디킨스의 전투장면 묘사는 매우 뛰어나다.

번쩍이는 무기들, 타오르는 횃불들, 마차에 실린 젖은 짚단의 연기, 인접한 사방의 바리케이드들에서 벌어지는 힘겨운 전진, 비명소리, 일제사격, 욕설, 몸을 사리지 않는 용맹성, 쾅, 우지끈, 와르르, 인산인해를 이룬 사람들이 분노하는 소리. 그러나 아직도 깊은 해자(垓字), 하나뿐인 적교(吊橋), 육중한 석벽, 여덟 개의 높은 탑은 그대로 남아 있고, 술집 주인 드파르주는 네 시간 동안 맹렬히 사용하여 굽절이나 뜨겁게 달아오른 총을 들고 여전히 서 있다.(21장)

디킨스는 전투가 격렬해질수록 부활이란 주제에서 중요한 역할을 하는 상징 하나를 도입한다. 생탕투안 거리에 흐르기 시작하는 피가 바로 그것이다. 그리고 피의 이미지를 포도주의 이미지와 결부시켜 하루 동안 살육을 자행한 혁명세력들의 손과 옷이 온통 붉은 피로 얼룩지게 만들어 드파르주의 술집 앞에서 술통이 깨졌던 날의 광경(제1권 5장)을 상기시킨다. 이처럼 피와 포도주의 비유적 이미지들을 통해 부활이란 주제는 결정적으로 기독교적인 의미를 취하게 된다. 가톨릭의 영성체 의식에서는 사제가 포도주 한 잔을 성별(聖別)하면, 예수의 피가 되어 부활의 상징이 되는 것이다. 디킨스는 나머지 장들에서도 피, 포도주, 부활을 예수와 연관시킨다. 예수가 무덤에서 부활하기 전에 십자가에 매달려 포도주처럼 붉은 피를 흘렸듯이 평민들이 새 삶을 시작하려면 귀족들이 피를 흘려야만 하는 것이다.

Chapters 22-24

Chapter 22 여전히 들끓는 바다

일주일 후, 이제 군중들은 남의 목숨을 빼앗는 일이 얼마나 쉬운지를 깨달았고, 더불어 힘을 가진 자들이 느끼는 달콤함도 알게 되었다. 드파르주는 일전에 사람들이 먹을 것이 없으면 풀이나 뜯어먹으라고 떠벌였던 부자 풀롱이 농민들의 분노를 피하기 위해 죽은 것처럼 꾸미고 시골에 숨어 있다가 체포되어 파리로 끌려왔다는 소식을 전한다. 풀롱을 처단하러 가는 군중들을 드파르주 부인과 '방장스(Vengeance. 복수)'라고만 알려진 여자가 이끈다. 군중들은 자비를 간청하는 풀롱의 입에 풀을 잔뜩 처넣고 목을 매달지만 자꾸 줄이 끊어져 세 번 만에야 목적을 달성한다. 소동이 끝나자 농민들은 '얼마 안 되는 빈약한 저녁'을 먹고, 부모들은 아이들과 놀고, 연인들은 사랑놀음을 벌인다.

Chapter 23 불길이 일다

프랑스의 시골은 황폐하고 황량하다. 정체를 알 수 없는 사내가 도로보수 인부를 만난다. 서로를 '자크'라고 부르는 것을 보니 혁명세력의 일원이다. 인부가 피살된 후작의 대저택을 가리키고, 사내는 그날 밤 늦게 대저택에 불을 지른다. 대저택에서 말 탄 사람이 나와 마을에 있는 병사들에게 불을 끄고 귀중품들을 끄집어내게 도와달라고 재촉하지만, 병사들은 거절하고 마을 사람들은 집에 들어가 '흐릿하고 조그만 유리 창문마다 촛불'을 밝힌다. 그 고장 세리(稅吏) 가벨은 농민들에게 죽을 뻔 했으나 자기 집 지붕 위로 도망가 불타는 대저택을 바라본다. 화자는 프랑스 전역에서 그 같은 일이 벌어지고 있다고 일러준다.

Chapter 24 자석에 이끌려가다

3년이 흘렀다. 프랑스에서 계속된 정치적 혼란 때문에 영국은 박해받는 프랑스 귀족들의 피난처가 된다. '나리들의 집합소'가 된 런던의 텔슨은행은 귀중한 원장(元帳)들과 서류, 기록들이 멸실되지 않도록 막기 위해 파리 지점으로 로리를 파견하기로 결정한다. 다네가 위험을 나열하며 프랑스행을 만류하지만, 로리는 고집을 부리면서 익숙한 제리 크런처를 경호원으로 데려가겠다고 말한다.

생 에브레몽드 후작 앞으로 된 긴급 편지를 책상 위에 내려놓으며 경과를 묻는 직원에게 로리는 상속 재산을 포기했다는 그 후작을 찾지 못했다고 말한다. 겉봉의 이름을 알아본 다네가 의심받지 않도록 조심하면서 그 후작을 알고 있다고 말하자, 로리는 본인에게 전해 달라며 그 편지를 건넨다. 편지를 뜯어보니 후작의 재산을 관리했다는 죄목으로 혁명세력에 의해 투옥된 가벨이 새 후작에게 프랑스로 돌아와 구해 달라는 내용이다. '선한 일을 한다는 영예로운 환상'을 떠올리며 프랑스행을 결심한 다네는 루시와 마네트 박사에게 작별 편지를 쓰고 프랑스로 향한다.

: 풀어보기

〈두 도시 이야기〉를 집필하기 전에 디킨스는 또 하나의 역사소설 〈바나비 러지〉를 썼으나 그 결과에 만족하지 못하고 역사의 전경(全景)을 장기인 과장된 등장인물들과 결합시킨 소설을 구상하기 시작했다. 그가 그 목적을 달성했는지에 대해서는 평론가들의 견해가 갈리지만, 〈두 도시 이야기〉에서는 역사물을 쓰려는 의도 때문에 등장인물들이 어느 정도 희생되었다는 점에는 대개 동의하면서 〈데이비드 코퍼필드〉에서처럼 기억에 남을 만한 인물이 없다고 주장한다. 그러나 역사물이란 점 때문에 이 같은 희생이 정당화되는지에 대해서는 논란이 계속되고 있다. 그는 풀롱의 죽음 등 여러 가지 구체적 사실들을 직접 칼라일의 저작에서 따 왔다. 예를 들어, 〈두 도시 이야기〉는 풀롱의 죽음을 이렇게 묘사하고 있다.

그의 몸이 높이 올라가자 밧줄이 끊어졌고, 그는 비명을 질러댔다… 이윽고 밧줄이 자비를 베풀어 그를 매달았고, 이내 그의 머리가 입에 풀잎을 잔뜩 머금은 채 창끝에 꽂히자 그 광경을 보고 생탕투안 전체가 춤을 추었다.

다음은 같은 사건에 대한 〈프랑스 혁명사〉의 묘사.

세 번째 밧줄을 걸고서야(밧줄이 두 번 끊어졌기 때문) 그는 제대로 교수될 수 있었다! 그의 시체는 이 거리 저 거리로 끌려 다니고, 풀잎 먹는 사람들이 외치는 도벳* 같은 함성 속에 머리는 입에 풀잎이 잔뜩 채워진 채 창끝에 꽂혀 높이 올라간다.

디킨스는 〈두 도시 이야기〉의 서문에서 칼라일의 도움을 시인하면서 '칼라일 씨의 훌륭한 저작에 담긴 철학에는 무엇 하나 덧붙일 것이 없겠지만, 조금이나마 (프랑스 혁명

---

* **도벳**(Tophet): 예루살렘 성에서 나오는 쓰레기를 태우는 곳이었으나 언제부터인가 몰렉(Moloch)에게 어린이들을 제물로 바치는 장소가 되었다. 기독교가 확산되면서 '큰 죄를 짓고 죽은 사람들이 구원받지 못하고 끝없이 벌을 받는 곳', '불지옥'의 뜻으로도 쓰임(tophet).

을) 대중적이고 생생하게 이해할 수 있는 수단에 무언가를 보태려' 했다고 쓰고 있다. 그러나 그 도움은 단순한 역사적 사실의 세세한 차원을 넘어 소설의 철학적 견해에까지도 깊숙이 미치고 있다. 디킨스도 칼라일처럼 역사를 진화적인 현상, 즉 한 시대가 파괴되어야만 새로운 시대가 발전하고 번영할 수 있다거나, '모든 새 시대는 과거의 잿더미 속에서 불사조처럼 탄생하는 것'으로 파악했다.

그러나 디킨스는 낡은 것을 파괴해야 새로운 것의 길이 열린다는 역사적 견해는 전적으로 수긍하면서도 이 같은 말살의 순환에 수반되는 폭력에 대해서는 모호한 태도를 취한다. 농민봉기의 원인인 귀족들의 악덕과 억압은 인정하지만, 결코 혁명세력의 투쟁을 낭만적으로 미화하거나 그들의 대의를 이상화하는 단계까지는 이르지 않는 것. 실제로 바스티유 감옥 함락과 그 이후에 벌어지는 거리의 폭력사태를 아주 끔찍하게 열거함으로써 폭력은 귀족 계급의 불의 척결에는 도움이 될지 모르지만, 그 자체가 갖는 부류의 타락을 낳을 수 있다는 사실을 보여준다. 22장에서는 농민들이 풀롱을 잔인하게 처형한 후에 다시 일상으로 돌아가 태평하게 질 낮은 빵을 사기 위해 긴 줄을 서고, 먹고, 놀고, 사랑하는 광경을 묘사하면서 근본적으로 타락한 인간 영혼의 한 측면을 지적한다.

Chapters 1-5

: 줄거리

Chapter 1 비밀 감방

파리로 가는 길은 매우 어려웠다. 혁명세력들이 곳곳에서 길을 막고 서류를 검사하고 심문을 했기 때문이다. 파리에 도착하자 혁명파에 의해 라포르스 감옥에 감금된 다네는 경비병에게 '자발적으로' 귀국한 사람이라고 항변하지만, 병사는 망명자에게는 권리가 박탈되었다면서 드파르주에게 넘기며 '비밀 감방'이라고 적힌 쪽지를 건넨다. 드파르주는 마네트 박사의 딸과 결혼한 사람인지 묻고는 '기요틴이라는… 날카로운 갓난 계집아기'의 시대에 왜 프랑스에 왔느냐고 중얼거린다. 다네가 도움을 청하지만 거절한다.

라포르스 감옥에 도착한 다네는 유령의 세계에 들어선 느낌이다. 죄수 한 명이 반기며 '비밀 감방'으로 가게 되었는지 묻자, 다네는 그런 것 같다고 답한다. 독방에 수감된 다네는 "가로로 다섯 걸음에 세로로 네 걸음 반…" 하고 감방의 크기를 재기 시작한다.

Chapter 2 숫돌

루시와 마네트 박사가 텔슨은행 파리 지점으로 들이닥쳐 로리 씨에게 다네가 라포르스 감옥에 수감되어 있다고 알린다. 박사는 바스티유 재소자였다는 신분을 활용하여 사위를 구해낼 수 있다고 자신한다. 로리가 박사와 단 둘이 이야기하기 위해 루시를 은행 뒤켠의 방으로 데려다준다. 안마당에서는 사람들이 무리지어 들어와 숫돌에 손도끼, 식칼, 장검 등을 갈고 있다. 로리가 죄수들을 죽일 준비를 하는 것이라면서 빨리 감옥으로 달려가 '저 악마 같은 자들의 손에서' 다네를 구하라고 재촉한다. 박사가 밖으로 달려 나가고, 잠시 후에 함성이 들린다. "라포르스에 있는 바스티유 죄수의 인척을 도와주자!"

Chapter 3 그림자

루시와 마네트 박사가 눈에 띄면 은행 사업이 위태로워질 것을 염려한 로리는 루시 모녀와 프로스 양을 근처에 마련한 숙소로 보내고 크런처에게 보호를 맡긴다. 그날 오후, 드파르주가 로리를 찾아와 박사의 전갈을 전한다. 로리는 그 지시에 따라 드파르주를 루시에게 안내한다. 드파르주는 아내도 동행해야 한다면서, 그녀가 루시 모녀와 프로스 양의 얼굴을 익혀두면 장차 도움이 될 것이라고 말한다. '방장스'도 동행한다. 숙소에 도착한 드파르주는 다네의 쪽지를 루시에게 건네는데, '용기를 내라'고 쓰여 있다. 루시는 남편에게 자비를 베풀어달라며 드파르주 부인에게 애원하지만, 루시와 그 가족을 위해 혁명을 멈출 수는 없다고 차갑게 대꾸한다.

Chapter 4 폭풍 속의 정적

나흘 후, 박사가 라포르스 감옥에서 돌아온다. 로리는 허약하던 박사가 힘이 넘쳐 보인다고 느낀다. 박사는 다네를 살려두도록 법정을 설득해 놓았다고 설명하고, 게다가 라포르스 감옥을 포함한 세 군데 감옥의 진단의사 일자리를 맡았다면서 다네의 안전을 보장할 수 있으리라고 덧붙인다. 시간이 지나면서 파리는 열병에 걸린 것처럼 들끓는다. 혁명세력은 왕과 왕비를 참수하고, 기요틴은 대부분 무고한 사람들을 처형하는 파리 거리의 붙박이 시설로 자리 잡는다. 다네가 수감된 지 1년 3개월이 흘렀고, 루시는 두려움 속에서 하루하루를 보냈다.

Chapter 5 나무꾼

가족들이 다네의 재판을 기다리던 어느 날, 박사는 루

시에게 감옥에 창문이 하나 있다면서 근처의 거리에 나가 있으면 다네가 그녀를 내다볼 수 있을 것이라고 알려준다. 루시는 매일 두 시간 씩 감옥 창문이 보이는 곳에 나가 서성거린다. 루시가 여느 날처럼 감옥 건너편에 서 있는데, 근처에 살고 있는 나무꾼이 자기 톱을 기요틴이라 부른다면서(톱에는 '꼬마 성 기요틴'이라고 새겨져 있다.) 자기가 자르는 나무토막 하나하나는 죄수의 머리라고 말한다.

어느 날, 한 무리의 폭도들이 루시가 있는 쪽으로 몰려와 카르마뇰 춤을 춘다. 그들이 떠나고, 숨어 있던 루시 앞에 아버지가 나타나 위로할 때, 드파르주 부인이 지나다가 인사를 건네고 사라진다. 박사는 딸에게 다음날 다네의 재판이 열린다면서 일이 잘 풀릴 것이라고 안심시킨다.

숫돌 장면은 폭도를 연상시키는데, 디킨스는 한 장면을 다른 장면과 연결시켜 이미지들이 고립되지 않고 소설 전체를 통해 흘러가도록 만든다. 군중이 숫돌 주위에 모여 칼을 가는 장면에서도 이 같은 연속성이 느껴진다. "피투성이를 면한 사람은 하나도 없다"는 표현에서는 제1권 5장의 깨진 술통 장면에서 사람들의 누더기 옷이 온통 포도주로 얼룩지고 '술통 널조각을 게걸스레 핥아먹던 무리들은 입언저리가 범처럼 얼룩져 있던' 장면이 떠오른다. 이처럼 유사한 장면들은 전혀 다른 모티프들을 상징적 관계로 묶도록 도와주면서 예술적 표현 이상의 기능을 한다. 얼룩진 넝마라는 모티프의 반복을 통해 포도주와 피를 연결시켜 성찬 포도주와 예수의 피 사이의 기독교적 연상을 불러일으키는 것. 그러나 디킨스는 상징을 복잡하게 만든다. 예수의 피는 전통적으로 구원을 표상하지만, 사악하고 복수심에 불타며 때로는 가학적인 혁명세력들에 대한 디킨스의 섬뜩한 묘사는 정치적인 피바람이 갖는 속죄의 힘에 대해서는 깊은 회의를 드러낸다.

그림자는 소설 전체에 흐르는 또 하나의 상징이다. 3장은 "그림자"가 부제이기도 하다. 디킨스는 화가 못지않게 자주 빛과 어둠을 이용해 작품에 폭넓은 색조와 깊이를 부여하는데, 특히 우편마차가 칠흑 같은 어둠과 안개 속을 달리는 첫 부분의 장면은 소설에 신비롭고 불길한 색조를 깔아놓는다. 반면, 제2권 18장을 여는 아름다운 해돋이 장면은 루시의 결혼식 날에 희망과 행복의 분위기를 부여한다. 5장에서는 드파르주 부인이 위협적인 그림자를 드리운다.

드파르주 부인 일행이 드리우는 그림자가 아이에게 너무 위협적이고 음험하게 느껴져 루시가 본능적으로 딸 곁에 무릎을 꿇고 끌어안는 순간, 이번에는 그 그림자가 모녀 모두에게 위협적이고 음험하게 드리우는 것처럼 느껴진다.

　드파르주 부인이라는 위압적인 존재와 이 여인의 그림자를 벗어나지 못하는 루시의 무력한 모습에 초점을 맞춘 화자는 부드럽고 자상한 루시―'금발의 인형'―와 혁명의 무자비한 도구인 음험하고 냉혹한 드파르주 부인 사이에 긴장을 조성하면서, 은연중에 '위협적이고 음험하게… 드리워지는' 드파르주 부인의 그림자를 기요틴의 칼날에 비유하고 있다.

　5장에서는 사랑스럽고 선량한 루시와 심술궂고 악의에 찬 혁명 사이에 더 한층 긴장을 고조시킨다. 자기 톱에 종교적인 별명을 붙일 정도로 단두(斷頭)에 기괴한 열정을 지닌 나무꾼은 상상 속의 기요틴에 '성(聖)'을 붙여 기요틴은 귀족들의 목을 베어 신의 뜻을 실현하고 있다는 믿음을 보여준다. 마찬가지로 신앙심은 깊지만 생각이 정반대인 루시는 혹시 남편 눈에 띌지도 모른다는 생각으로 감옥 밖에서 끈질기게 기다린다. 나무꾼도 참여하는 카르마뇰 춤이 혁명의 잔인성을 상징한다면, '조용하고… 부드럽게' 내리는 흰 눈은 루시의 온화한 성품과 남편에 대한 순수한 사랑을 상징한다. 드파르주 부인이 '하얀 길에 드리운 그림자처럼' 지나가는 모습은 또 한 번 그녀가 루시의 행복을 위협한다는 암시다.

Chapters 6-10

: 줄거리

Chapter 6 승리

샤를 다네의 재판에는 드파르주 부부를 포함해 피에 굶주린 온갖 사람들이 모여든다. 마네트 박사가 다네의 장인이란 사실이 밝혀지자 방청객들은 환호성을 지른다. 재판정은 다네, 마네트, 가벨의 증언을 청취하고, 다네가 귀족들의 농민 학대에 반감을 갖고 오래 전에 작위를 포기했다는 사실을 받아들인다. 이런 요소들과 더불어 그가 존경받는 마네트 박사의 사위란 점이 참작되어 배심원단은 그를 석방한다. 군중은 다네를 의자에 앉힌 채 어깨에 들러 메고 그의 집으로 간다.

Chapter 7 문 두드리는 소리

다음날, 마네트 박사는 사위의 목숨을 구했다고 기뻐하지만, 루시는 여전히 두렵기만 하다. 그날 오후 늦게 루시가 층계에 발소리가 난다고 말하고, 곧이어 문 두드리는 소리가 들린다. 붉은 두건을 쓴 사내 네 명이 들어와 다네를 다시 체포한다. 박사가 항의하지만, 한 사내가 박사도 공화국이 희생을 요구하면 기꺼이 받아들여야 한다고 깨우쳐준다. 박사가 다네의 고발자를 묻자, 정보 누설은 위법이라면서도 드파르주 부부와 또 한 사람이라고 답한다. 박사가 그 한 사람의 신분을 다시 묻자, 내일 법정에서 답을 얻게 될 것이라고 말한다.

Chapter 8 카드 패

한편, 다네의 석방 축하주를 사기 위해 어느 술집에 들렀던 제리 크런처와 프로스 양은 오래 전에 헤어졌던 프로스의 남동생 솔로몬을 발견하고 소스라치게 놀란다. 솔로몬은 누나가 너무 소란을 피운다며 나무란다. 공화국의 첩자로 일하기 때문에 정체를 밝힐 수 없는 처지인 것. 크런처는 솔로몬이 13년 전 다네가 영국에서 반역 혐의로 재판을 받을 때 증인임을 알아보고 이름을 기억해내려고 애쓰는데, 카턴이 불쑥 끼어들어 '바사드'라고 일러준다. 하루 전에 파리에 왔다는 카턴은 자기 역할이 필요해질 때까지는 루시 앞에 나타나지 않을 작정이며 옥리들의 첩자인 바사드와 잠깐 대화를 나누기 위해 왔다고 말한다. 그리고 바사드에게는 감옥에 가서 벽을 관찰하다가 그곳에서 나오는 모습을 우연히 보고 술집까지 따라가 동료와 나누는 말과 주변 사람들의 대화를 주워듣고 그의 정체를 추론하게 되었으며, 그 결과 모종의 계획이 떠올랐다면서 텔슨은행으로 가서 조용히 동료들에 관한 이야기를 들려달라고 압박한다.

카턴은 로리에게 바사드의 소개와 함께 다네가 방금 다시 체포되었다는 소식을 전하고, 바사드에게는 술집에서 프랑스인으로 변장한 동료 첩자 로저 클라이와 내통하는 장면을 목격했으니 협력하지 않으면 그 사실을 폭로하겠다는 카드 패를 내놓는다. 바사드가 클라이는 죽었다면서 매장증명서를 내보이자, 크런처는 거짓말이라며 클라이의 관에는 돌과 흙밖에 없었다면서도 자초지종은 밝히지 않는다. 깜짝 놀란 바사드는 카턴의 비밀계획을 돕겠다고 약속한다.

Chapter 9 게임을 벌이다

로리는 크런처에게 텔슨은행의 명성을 구실 삼아 심부름 이외에 불법적이고 파렴치한 짓을 했다면 귀국해서 가만두지 않겠다고 으름장을 놓는다. 크런처는 텔슨은행과 거래하는 의사들 중에도 송장 도둑질에 관여하는 사람이 많다고 넌지시 암시하면서 은행의 일자리를 아들이 물려받도록 해준다면, 정식으로 무덤 파는 사람이 되어 그동안 파헤친 무덤들을 모두 고쳐놓겠다고 말한다. 바사드가 떠나간 후 카턴이 다네의 일이 잘못되면 한 번 만날 수 있도록 조치해 놓았다고 말하자, 로리가 눈물을 흘린다. 카턴은 로리에게 선하고 진실한 그들의 친구라며 그의 슬픔에 한없는 경의를 표하고, 자기 아버님이 우시는 모습은 본 적이 없다면서 아버지라면 좋겠다고 덧붙인다. 카턴의 선한 모습이 의외인 로리가 손을 내밀자, 카턴이 지긋이 잡는다.

그날 밤, 카턴은 루시를 생각하며 파리의 거리를 돌아다니다가 약국에 들러 모종의 약을 구입한다. 그의 마음속에는 장래가 촉망되던 아주 오래 전 아버지 무덤 앞에서 목사가 읽었던 구절이 떠오른다.

"주께서 가라사대 나는 부활이요 생명이니, 나를 믿는 자는 죽어도 살고, 살아서 믿는 자는 영원히 죽지 아니하리니."

카턴이 엄마와 함께 극장에서 나온 계집아이를 안아 흙탕길을 건네주고는 입을 맞춰달라고 청한다. 다시 목사의 목소리가 들려온다. 카턴은 가끔 그 구절을 읊조리며 해가 뜰 때까지 돌아다니다가 다네의 재판이 열리는 법정으로 간다. 판사가 다네의 고발인으로 드파르주 부부와 마네트 박사를 호명한다. 큰 충격을 받은 박사는 자기 생명보다 귀한 딸의 남편을 고발한 적이 없다고 항의하고, 이어 드파르주가 증인석에 나와 바스티유 감옥 북탑 105호에서 찾아낸 편지라며 재판장에게 건넨다.

Chapter 10 그림자의 실체

　편지 내용은 대충 이렇다. 1757년 12월 셋째 주 어느 날, 에브레몽드 후작(다네의 아버지)과 후작계승 서열 2위인 쌍둥이 동생(제2권 7장. 마차로 아이를 치어죽인 다네의 삼촌)이 나를 마차에 태워 외딴 집으로 데려가 고열로 죽어가는 20대 여성과 자상(刺傷)을 입고 누워 있는 열일곱 살 정도인 그녀의 남동생을 치료하라고 명한다. 여인에게 반한 후작의 동생이 남편을 죽게 만든 후 그녀를 욕보이고 남동생을 칼로 찔렀던 것인데, 동생도 곧 저주를 퍼부으며 죽는다. 젊은 여자는 일주일 정도 후에 죽었다. 나는 후작이 건넨 돈을 거부하고 돌아왔지만, 다음날 아침에 보니 문 앞에 던져져 있었다. 나는 이 사건을 고발하기로 작정했다. 결과야 뻔했으나 적어도 마음의 짐은 덜고 싶었다. 다음날은 12월의 마지막 날이었다. 평소보다 일찍 일어나 편지를 막 마쳤을 때, 어떤 여인이 샤를이란 사내아이와 함께 찾아와 젊은 여인과 그 가족이 남편(에브레몽드 후작)에게 끔찍한 일을 당했다는 이야기를 어렴풋이 알고는 죽은 여자의 여동생을 돕고 싶다고 말했지만, 불행히도 나는 그녀의 이름과 소재를 몰랐다. 그날 나는 편지를 직접 관리에게 전달했다. 그리고 밤 9시쯤 하인소년 드파르주의 안내를 받은 어떤 사내가 급한 환자가 있다며 나를 이끌기에 집을 나섰는데, 후작 형제가 나타나 내 편지를 내보이고는 태워버렸다.

그리고 내가 끌려온 곳이 바로 여기 '살아 있는 사람이 묻히는 무덤'이다. 나는 에브레몽드 가문의 만행을 천지신명께 고하며 천벌과 저주가 내려지기를 간절히 기원한다.

편지 낭독이 끝나자 배심원단은 후작 형제의 죄를 앙갚음하기 위해 만장일치로 다네에게 사형을 평결한다.

제2권 21장에서 루시가 들었던 발자국 소리가 7장에서 또 등장하지만, 이번에는 멀고, 희미하고, 잘 들리지 않는 것이 아니라 혁명세력 네 명이 다네를 다시 체포하려고 문 앞에 왔다는 임박한 위험의 존재를 알린다. 영국의 아늑한 거실에 앉아 있을 때는 막연하게만 루시의 마음을 흔들었던 혁명이 파리에 와 있는 지금은 가장 사사로운 부부관계까지 침해하고 있는 것이다.

추상적 관념이던 혁명이 마네트 부녀의 삶에 직접적으로 실재하게 되는 이 같은 변화는 병사들의 말에서도 나타난다. 박사가 다네의 고발자를 묻자, 처음에는 생탕투안이라고 대답했다가 이내 드파르주 부부라고 밝히듯이 가까웠던 사람의 배신이 알려지면서 혁명은 이제 박사에게 개인적 의미를 갖는 새로운 차원에 도달한다.

소설이 종반으로 다가가면서 더욱 빈번하게 우연의 일

치가 나타난다. 프로스 양이 오래 전에 헤어졌던 동생과 만나고, 카턴이 때맞춰 술집에 나타나 바사드의 정체를 밝히며, 드파르주가 에브레몽드 가문을 고발하는 마네트의 편지를 찾아내는 등의 사건이 그것이다.

고대 그리스와 빅토리아 시대 소설에 만연했던 이 같은 우연한 순간들은 이른바 '만능 신'(deus ex machina, 직역하면 '기계에서 내려온 신')의 기법을 구성하는데, 작가가 이야기의 긴박한 국면을 타개하고 결말로 이끌어가기 위해 초자연적인 힘이나 개연성이 떨어지는 사건 등을 이용하는 장치다. 사실주의적인 이야기에 익숙한 오늘날 독자들은 대개 이처럼 믿기 어려운 전개는 줄거리 구상의 결함을 반영하는 것이라고 생각한다.

심지어 디킨스 시절에도 우연에 의한 인위적인 전개에 거부감을 갖는 독자들이 있었다. 예컨대, 윌키 콜린스는 바스티유 감옥에서 마네트의 편지를 찾아낼 가능성은 아주 희박하다고 평했으나, 옹호자들은 디킨스가 만물은 서로 밀접하게 연관되어 있기 때문에 비록 가능성은 희박해도 우연의 일치가 필연적으로 일어나는 세상을 마음속에 그렸다고 생각한다. 존 포스터의 말을 들어보자.

"디킨스는 살면서 경험하는 우연의 일치, 유사한 사건, 뜻밖의 사건들을 특히 즐겨 썼는데, 그에게는 그토록 기분 좋게 상상력을 자극하는 것도 별로 없었다. 그의 말에 따르면, 세상은 우리가 생각하는 것보다 훨씬 좁고, 우리 모두는 자기도 모르게 서로 운명적으로 연결되어 있으며, 멀리 떨어져 있다고 생각되는 사람들도 끊임없이 서로 팔꿈치를 맞대고 있고, 내일보다 어제를 절반만큼이라도 빼닮은 것은 아무것도 없다."

우연의 일치가 너무 빈번하다고 느낄 수도 있지만, 많은 비평가들은 이 같은 장치를 디킨스의 과장 솜씨가 드러나는 또 다른 예라고 간주한다. 희화화된 여러 인물이 우리 인간들의 애교스런 약점을 강조하고 논평하기 위한 장치이듯, 우연의 일치나 뜻밖의 놀라운 연관성도 단지 디킨스가 이 세상에서 아주 현실적인 현상이라고 여기는 사건들이 실제로도 빈번히 일어난다는 점을 과장하기 위한 장치란 주장인 것.

우리가 카턴의 갑작스러운 등장을 어떻게 느끼든, 그의 변신이야말로 이 소설에서 으뜸가는 위업 가운데 하나란 사실을 인정하지 않을 수 없다. 사실, 카턴은 심리적으로 가장 복합적이고 가장 감정이 풍부한 인물이다. 파리에 나타날 때는 '자칼'의 가죽을 벗어던진 모습인데, 더 이상 오만하고 게으르고 방향을 잃은 사람이 아니라 사랑하는 여인을 위해 목숨을 바치기로 결심한 사람이 되어 있다. 이제 그에게는 소중하게 생각하는 하나의 목표가 생긴 것이다.

9장에서는 그가 자기희생을 준비하면서 성경 구절(요한복
음 11장 25-26절)을 암송하는데, 기독교에서 장례식을 시
작할 때 읽는 이 구절은 여기서 두 가지 의미가 있다. 하나
는 카턴이 루시를 위해 자기를 희생하겠다는 의식적 결정
을 내렸다는 확인이고, 또 하나는 카턴의 개인적인 심리를
넘어 다른 등장인물들의 운명에 대해 언급하면서 최종적이
고 확실한 부활을 약속하는 것이다.

Chapters 11-15

Chapter 11 해질 녘

　법정의 군중들이 다네의 유죄 판결을 축하하기 위해 거리로 쏟아져 나온다. 다네를 감방으로 호송하는 일을 맡은 일행 가운데 바사드가 루시에게 남편을 마지막으로 포옹하도록 허용한다. 다네는 눈물을 흘리며 마네트 박사에게 자책하지 말라고 간청하고, 감방으로 끌려간다.

　루시가 정신을 잃고 쓰러지자 카턴이 구석에서 달려 나와 그녀를 집까지 데려가 침상에 눕히고는 뺨에 입을 맞추며 귓가에 무슨 말을 속삭인다. 루시의 딸이 아저씨가 '엄마를 돕고 아빠를 구하기 위해 무언가를 할 것이라고 믿는다'고 말하자, 카턴이 몸을 숙여 아이의 생기 넘치는 볼에 얼굴을 가져다댄다. 방을 나온 카턴은 판사들과 모든 실권자들이 박사에게 호의를 보였으니 시간은 촉박하지만 한 번 더 박사의 영향력을 발휘한 후에 밤 9시까지 그 결과를 로리의 사무실로 알려달라며 성공을 기원한다. 수심에 잠긴 로리가 "다네는 죽을 것이고, 희망이 없다"고 나지막이 말하자, 카턴도 똑같은 말로 대꾸한다.

Chapter 12 암흑

사람들에게 얼굴을 알리는 것이 좋겠다고 작정한 카턴은 간단한 식사를 하고 잠시 눈을 붙인 뒤에 드파르주의 술집으로 간다. 드파르주 부부는 그의 용모가 다네와 흡사하다며 놀란다. 카턴은 드파르주 부인의 말을 엿듣고 그녀가 마네트 박사 일가를 고발할 작정이란 사실을 알게 된다. 드파르주는 아내가 지나치다고 생각하지만, 그녀는 에브레몽드 가문에 대한 원한을 상기시키며 후작의 자손들을 몰살시켜야 한다고 주장한다. 후작 형제에게 목숨을 잃은 여자와 남동생이 바로 그녀의 언니이고 오빠였던 것. 카턴은 술값을 지불하고 나와 텔슨은행으로 향한다.

자정에 로리의 사무실로 찾아온 마네트 박사가 미친 듯이 제화공 연장을 찾자, 낙담한 로리와 카턴이 박사를 진정시키고 루시에게 데려다주기로 한다. 박사의 외투에서 마네트 부녀와 손녀의 통행증명서를 발견한 카턴은 이유는 묻지 말라며 자신의 서류와 함께 로리에게 건네면서, 머지않아 드파르주 부인이 재소자들과의 밀통혐의로 루시를 고발하면 파리를 빠져나갈 수 없을지도 모르니 내일 오후 2시까지 출발 준비를 마치되 자기 자리는 꼭 남겨두라고 주

지시킨다. 거리로 나온 카턴은 루시에게 마지막 작별인사
와 축복을 보내고 멀어져간다.

Chapter 13 52명

　　다음날 처형될 사람은 모두 52명이다. 의연하게 죽음
을 맞기로 결심한 다네는 아내와 장인, 로리에게 편지를 쓰
고, 이 세상과는 끝이라고 생각하며 짚단 위에 누워 잠을
청한다.

　　처형일 오후 한 시쯤 아주 밝은 표정으로 다네의 감방
에 나타난 카턴은 임기응변으로 다네에게 자기 옷을 바꿔
입히고 '탈출 시도는 성공한 적이 없고 당신마저 죽는다'는
만류를 뿌리친 채 편지를 구술해서 쓰게 하다가 약으로 의
식을 잃게 만들고는 바사드에게 텔슨은행 앞에서 기다리는
마차로 데려가 로리 씨에게 인계하라고 말한다.

　　시계가 두 시를 치자, 옥리들이 카턴을 어두컴컴한 방
으로 데리고 간다. 그곳에는 먼저 끌려온 사람들이 있다. 잠
시 후, 어느 젊은 침모가 다가와 아는 체를 하다가 카턴이
바뀐 사실을 눈치 채고 놀라면서 "그분을 위해 죽으시려는
건가요?"라고 묻자, 카턴은 "그리고 그의 처자식도요"라고
대답한다.

　　같은 시각, 마차 한 대가 성문에서 통행증을 제시하고
검문을 받은 뒤 파리를 벗어나 시골길을 달린다.

Chapter 14 뜨개질이 끝나다

　그 시간, 드파르주 부인은 루시가 남편의 죽음을 슬퍼하며 공화국의 정의를 비난하는 불법행위 현장을 덮치기 위해 방장스 일행과 처형장에서 만나기로 약속하고 헤어져 루시의 집으로 향한다. 그녀에게는 조상의 원죄 때문에 죽어가는 무고한 사람은 아무런 문제가 되지 않았다. 그녀는 다네에게서 그의 조상을 보고 있었으며, 따라서 그의 처자식도 그녀의 당연한 적이자 먹잇감에 불과했다. 그녀의 가슴에는 장전된 권총이, 허리춤에는 날카로운 단검이 감춰져 있다.

　박사의 집에서는 프로스 양과 제리 크런처가 파리를 떠날 채비를 하고 있다. 프로스 양이 의심을 피하기 위해 크런처에게 먼저 마차를 타고 성당에 가서 기다리라고 말하자 크런처가 집을 나선다. 잔뜩 겁을 집어먹은 프로스 양이 주위를 두리번거리며 붓고 충혈된 눈을 씻고 있는데, 드파르주 부인이 쳐다보고 있다가 루시의 행방을 대라고 다그친다. 잠시 후, 두 여장부가 드잡이를 하는 중에 드파르주 부인의 손이 가슴께로 가는 순간 프로스 양이 총을 쳐내자 총소리와 함께 부인이 바닥에 쓰러진다. 계획대로 크런처를 만난 프로스 양은 총소리 때문에 귀가 먹었다고 말하는데, 실제로 그 이후에는 아무것도 듣지 못했다.

Chapter 15   발소리가 영원히 사라지다

"다시 한 번… 인간성을 망가뜨려 보라. 그러면 인간성은 똑같이 일그러진 모습으로 뒤틀리게 될 것이다. 다시 한 번 똑같은… 억압의 씨앗을 뿌려보라. 그러면 확실히 심은 대로 똑같은 열매를 맺을 것이다."

카턴과 젊은 침모가 기요틴에 다가선다. '방장스'를 비롯한 혁명파 여인들은 드파르주 부인이 샤를 다네의 참수 장면을 놓칠까봐 걱정스럽다.

침모는 "공화국이 정말로 가난한 사람들에게 도움을 베풀어 굶주림이 덜해지고 모든 면에서 고통이 줄어들면 하나뿐인 사촌동생이 오래 살 수도 있는데, 그렇게 되면 더 좋은 나라에서 살고 있는 제가 기다리는 시간이 길게 느껴질까요?"라고 묻자, 카턴은 "그곳에는 시간도 걱정거리도 없다"고 위로한다. 두 사람은 입맞춤을 교환하고 서로에게 은총을 보낸 후 차례로 조용히 죽음을 맞이한다.

그날 밤에는 지금껏 그토록 평화로운 인간의 얼굴은 본 적이 없다는 말과 심지어 숭고하고 예언자다운 모습이었다는 말까지 돌았다면서, 화자는 자신만만하게 카턴의 마지막 생각들을 추측한다. '나는… 새로운 압제자들이 구체제의 파괴를 딛고 일어났으나 이 응보의 도구로 인해 사멸

하는 것을 보고', 언젠가 파리는 이 참화에서 벗어나 아름다운 도시가 되는 것을 '보고' 있으며, 마지막 순간에 '나의' 이름을 붙인 아이를 안고 있는 루시, 행복하고 건강한 마네트 박사, 오랫동안 평화로운 삶을 누리는 로리, 그리고 '나의 이름을 빛나게 만들어 내가 던졌던 오점들'이 사라져가는 광경을 '보고 있다.' 화자에 따르면, 카턴은 '지금 나의 행동은 지금껏 내가 했던 그 어떤 행동보다 훨씬, 훨씬 더 훌륭하고, 지금 가고 있는 곳은 지금껏 내가 알고 있던 그 어느 곳보다 훨씬, 훨씬 더 좋은 안식처라는 사실'을 인식하면서 눈을 감는다.

"나는 이 구렁텅이에서 아름다운 도시와 훌륭한 인민이 일어서는 것을 보노라. 그리고 진정 자유로워지려는 그들의 투쟁에서… 이 시대의 악이… 점차 스스로 속죄하며 쇠잔해가는 것을 보노라."

디킨스는 프로스란 인물을 통해 사랑의 힘을 강조한다. 디킨스는 이 헌신적인 하녀가 드파르주 부인과 싸울 때, '사랑의 강력하도고 집요한 힘은 언제나 증오심보다 훨씬 더 강한 법'이라고 쓰고 있는 것. 두 여인의 대결은 사회적 질서와 혁명에 관한 해설 역할도 한다. 드파르주 부인이 구현하는 혁명이 제아무리 사납고 거칠게 보여도, 프로스가 표상하는 사회적 질서가 더 강하고 견고하다는 것이다. 그런가 하면 드파르주 부인의 잔혹성과 복수심을 비난하면서도, 이 세상에 그 같은 사람들이 존재하는 것은 불가피한 사실이라고 인정한다.

그러나 풍요롭고 아주 다양한 토양과 기후에도 불구하고 프랑스에는 지금 풀잎, 나뭇잎, 뿌리, 잔가지, 후추 열매가 자라지 않고 있으니, 이것들은 이 공포를 낳았던 때보다 더 믿을 만한 상황이 되어야 무르익게 될 것이다. 다시 한 번 비슷한 망치로 쳐서 인간성을 망가뜨려 보라. 그러면 인간성은 똑같이 일그러진 모습으로 뒤틀리게 될 것이다. 다시 한 번 똑같은 탐욕스러운 방종과 억압의 씨앗을 뿌려보라. 그러면 확실히 심은 대로 똑같은 열매를 맺을 것이다.

디킨스는 악의 만연에 주목하지만, 악의 생성 과정도 잘 이해하고 있다. 드파르주 부인이 피에 굶주린 사악한 성격을 지니기는 했으나 지금처럼 비열한 인물로 변한 것은 인간에 대한 타고난 악감정보다는 비극적인 과거와 고통 때문이란 점을 암시하는 것. 따라서 그녀를 사회가 저지르는 악덕의 전형으로 이용하는 것이기 때문에 각별히 그녀를 비난하는 일에는 그다지 관심을 보이지 않는다. 비록 소설의 끝부분에서 화자가 카턴의 목소리를 빌어 재건되고 부흥한 프랑스—한 시대는 다른 시대의 잿더미에서 '불사조처럼' 등장한다는 칼라일의 역사이론 그대로—를 예언하지만, 〈두 도시 이야기〉가 궁극적으로 전하려는 말은 카턴의 자기희생 같은 숭고한 사례에서는 죽음이 생명을 잉태할 수 있지만, 억압은 바로 그 자신을 잉태할 뿐이란 것이다.

이 소설은 삶이란 죽음을 통해 성취된다는 일종의 기독교적 역설로 끝을 맺는다. 카턴이 새로운 삶을 얻는 것은 자기희생을 통해 다른 사람들의 마음속에 오래도록 자리잡게 되기 때문이다. 화자가 카턴의 마지막 생각이라고 상상하며 기록한 구절들은 죽은 카턴의 생명을 죽음 이후로까지 연장시켜 준다. 다네 부부의 마음속에서 계속 살아 있고, 카턴의 이름을 가진 후손들이 카턴이 갔을지도 모를 길을 야심을 품고 따르면서, 스트라이버의 술주정뱅이 조수로만 살았더라면 누리지 못했을 영광을 누 세대에 걸쳐 그에게 돌릴 것이기 때문이다. 카턴의 죽음은 사랑은 모든 것을 이겨낸다는 이 소설의 한 가지 소박한 철학을 강조한다. 루시에 대한 카턴의 사랑은 무의미한 그의 삶뿐만 아니라 죽음마저도 초월하게 해준다. 게다가 이 사건은 등장인물들의 여러 가지 문제를 완벽하게 해결해 준다는 점에서 전형적인 빅토리아 풍의 결말을 만들어낸다. 다네와 루시에게 행복한 삶을 보장하고, 정신적으로 늘 방황하던 카턴은 구원을 받는 것.

화자의 3인칭 화법이 시드니 카턴의 생각을 빌어 1인칭 화법으로 바뀌면서 마치 카턴의 아름다운 행동이 화자의 화술로는 표현할 수 없다는 듯한 효과를 낸다. 실제로 매우 철학적인 카턴의 말은 그가 이미 준(準)종교적인 지고의 영역에 올라 있다는 점을 반영하는 것이다. 소설이 끝나기 직전의 4개 단락에서 나타나는 '나는 보노라(I see)'로 시작하는 이른바 수구 반복법은 종결부에 평안과 위로의 분위기를 더하고 기도와 존엄의 말투를 떠올리게 하며, 문체와 내용의 조화는 문제가 완벽하게 해결되었다는 느낌을 전해 준다.

Important Quotations Explained

다음은 주요 인용구 해설입니다.

1. 최고의 시기이자, 최악의 시기였다. 지혜의 시절이었고, 어리석음의 시절이었다. 믿음의 시대였고, 불신의 시대였다. 빛의 계절이었고, 어둠의 계절이었다. 희망의 봄이었으며, 절망의 겨울이었다. 우리는 온갖 것을 갖고 있었고, 아무것도 갖고 있지 못했다. 우리 모두는 곧장 천국으로 가고 있었고, 곧장 지옥으로 가고 있었다.

   ─ 〈두 도시 이야기〉의 문을 여는 유명한 인용문인데, 사랑과 가족 vs. 억압과 증오가 벌이는 이 소설의 중심적 긴장 관계를 암시한다. 이른바 수구 반복의 두드러진 예—it was the age…, it was the age…. 또는 it was the epoch…, it was the epoch….—인 이 구절들은 문장의 안정된 리듬과 함께 선과 악, 지혜와 어리석음, 빛과 어둠이 대등하게 맞서 싸운다는 것을 넌지시 나타낸다. 이 대구(對句)들은 가장 두드러지는 모티프의 하나인 양자대비법—런던과 파리, 카턴과 다네, 프로스 양과 드파르주 부인—을 도입하는 역할도 한다.

2. 곰곰이 생각해 보면 놀라운 사실은 모든 인간이 서로에게 아주 뜻깊은 비밀스러운 존재이자 신비한 존재란 것이다. 한밤중에 대도시로 들어설 때 떠오르는 엄숙한 생각은 어둡게 다닥다닥 붙어 있는 저 집들 하나하나가 저마다 비밀을 에워싸고 있고, 그 집들 하나하나의 방이 저마다 비밀을 에워싸고 있으며, 그곳에서 살아가는 수

십만 가슴 속에서 박동치는 하나하나의 심장도 일부 상상을 할 때
는 가장 가까운 사람에게조차 비밀스런 존재란 것이다! 얼마간의
두려움, 심지어 어느 정도는 죽음 자체도 이것 때문에 생겨난다고
할 수 있다.

— 제1권 3장의 첫 부분. 제리 크런처가 자비스 로리에게 수
수께끼 같은 전갈을 전달한 후 화자가 떠올리는 생각이다.
장기 투옥되었던 마네트 박사를 찾아내 '소생시킨다'는 로
리의 임무는 그를 비롯한 다른 등장인물들이 직면하는 본질
적인 난제를 설정한다. 즉 인간은 서로에게 영원한 수수께끼
이며 항상 얼마쯤은 자물쇠로 채워져 있기 때문에 외부 사
람들이 완전히 이해하기란 불가능하다는 것이다. 이 같은 근
본적 불가사의는 개인적인 고통 때문에 제화 버릇이 재발하
곤 하는 마네트 박사의 경우에서 가장 두드러지게 입증된다.
소설 전반에 걸쳐, 박사는 현실 세계로 '소생시키려'는 다른
등장인물들의 노력보다는 자신의 기억에 더 묶여 정신적인
감옥으로 되돌아간다. 그리고 죽음에 대한 언급은 나중에 카
턴의 자기희생에서 드러나는 심오한 비밀을 상기시키기도
한다. 루시에 대한 사랑과 헌신의 진정한 심오함은 루시를
위해 죽기로 작정할 때까지는 불분명한데, 그의 이타적인 죽
음은 이처럼 위대한 사랑을 살아서 표현했다면 어떤 방법들
이 있었을까, 하는 생각을 갖게 만든다.

3.　그 술은 붉은 포도주였기 때문에 술이 엎질러진 파리 교외 생탕투
안의 비좁은 길바닥을 (빨갛게) 물들여 놓았다. 포도주는 많은 손들,
많은 얼굴들, 많은 맨발들, 많은 나막신들도 물들였다. 나무를 톱질
하던 사람의 손들은 장작개비들에 붉은 자국들을 남겼고, 아기에게
젖을 물리던 여인의 이마는 머리에 동여맨 누더기 수건의 얼룩으로
다시 얼룩졌다. 술통 널을 게걸스레 핥아먹던 무리들은 입언저리에
범 같은 얼룩이 생겼고, 취침용 모자의 길고 꾀죄죄한 자루에 들어

있는 머리보다 그 밖으로 삐져나온 것이 더 많은 아주 지저분한 어떤 꺽다리 녀석은 질퍽한 포도주 앙금에 손가락을 찍어 담벼락에 "피"라고 갈겨썼다.

— 제1권 5장. 드파르주의 술집 앞에서 깨진 술통을 둘러싸고 벌어지는 아수라장을 묘사하고 있다. 이 장면은 이 소설에서 처음으로 파리를 들여다보며 농민들의 굶주림을 설득력 있게 전달하는 기능을 한다. 이들 억압받은 농민들은 길바닥의 포도주를 핥아먹을 만큼 육체적으로만 허기져 있는 것이 아니라 새로운 세계 질서, 정의, 빈곤으로부터의 자유에도 굶주려 있는 것이다. 절망에 빠진 농민들이 어느 지경까지 이르게 될지를 예견케 하는 이 장면은 나중에—포도주 아닌 피로 붉게 얼룩진—혁명세력이 숫돌 주위에 모여 무기들을 갈 때(제3권 2장)도 비슷하게 되풀이된다. 여기서 얼룩이란 관념과 "피"라는 낙서를 강조함으로써 나무꾼(제3권 5장에서 자기 톱을 기요틴에 빗대어 루시에게 겁을 주는 인물)의 등장과 마찬가지로 포도주와 피의 연관성은 더욱 높아진다. 게다가 포도주가 맨발에 찰싹거리는 이미지는 프로스 양과 드파르주 부인의 대결 장면("대야가 바닥에 떨어져 깨지면서 물이 드파르주 부인의 발로 흘러갔다. 낯설고 험한 길들을 걸으며 숱하게 피로 얼룩졌던 발들이 그 물과 마주치게 되었던 것이다."—제3권 14장)을 예고한다.

4. 파리의 거리들을 따라 죽음의 마차들이 덜커덕거리며 간다. 공허하고 귀에 거슬리는 소리. 사형수 호송차 여섯 대가 그날 바칠 포도주를 기요틴님께 가져가는 것이다. 상상력이 스스로를 기록할 수 있게 된 이후로 상상했던 게걸스럽고 탐욕스러운 괴물들을 모두 녹여 현실에서 하나로 살려낸 것이 바로 기요틴이다. 그러나 풍요롭고 다양한 토양과 기후에도 불구하고 프랑스에는 지금 풀잎, 나뭇잎, 뿌리, 잔가지, 후추 열매가 자라지 않고 있으니, 이것들은 이 참화

를 낳았던 때보다 더 믿을 만한 상황이 되어야 무르익게 될 것이다. 다시 한 번 비슷한 망치로 쳐서 인간성을 망가뜨려 보라. 그러면 인간성은 똑같이 일그러진 모습으로 뒤틀리게 될 것이다. 다시 한 번 똑같은 탐욕스러운 방종과 억압의 씨앗을 뿌려보라. 그러면 확실히 심은 대로 똑같은 열매를 맺을 것이다.

— 제3권 15장. 디킨스는 이처럼 간결하고 훌륭한 글에서 프랑스 혁명에 대해 모호한 태도를 드러낸다. 기요틴을 사람의 피—'그날 바칠 포도주'—를 마시고 사는 일종의 만취한 지배자로 의인화하여 사회체제를 뒤엎기 위해 농민들이 사용하는 폭력을 결코 정당화하지 않으면서도, 그 같은 폭력과 살인의 욕망이 일어날 수 있는 환경도 확실히 이해하고 있다는 사실을 보여주는 것. 귀족들의 잔인한 억압이 가난한 사람들에게도 '똑같은 탐욕스러운 방종과 억압의 씨앗을 뿌려' 똑같이 잔인하게 귀족들과 반혁명분자들을 박해하게 만든다면서, 혁명세력을 '망가뜨려지고' '망치로 쳐서… 일그러진 모습'으로 인식하고 있다. 이 같은 서술은 농민들이 근본적으로는 선하지만 귀족들에 의해 강요된 끔찍한 생활조건 때문에 비뚤어지게 되었다는 디킨스의 믿음을 보여준다.

5. 나는 보노라, 앞으로 오랜 세월에 걸쳐 아름다운 도시와 훌륭한 인민들이 이 깊은 구렁텅이에서, 진정으로 자유로워지기 위한 투쟁들에서, 그들의 승리와 패배 속에서, 일어서는 것을. 나는 보노라, 이 시대의 악과 그것을 자연스레 낳은 이전 시대의 악이 점차 스스로를 속죄하며 쇠잔해 가는 것을. 나는 보노라, 그녀의 품에 누워 있고 내 이름을 지닌 그 아기를, 한때 내 것이었던 인생행로를 애써 올라가 성공하는 남자를. 나는 보노라, 그가 크게 성공해서 그의 빛에 의해 내 이름이 빛나게 되는 것을. 지금 나의 행동은 지금껏 내가 했던 그 어떤 행동보다 훨씬, 훨씬 더 훌륭하고, 지금 가고 있는 곳은 지금껏 내가 알고 있던 그 어느 곳보다 훨씬, 훨씬 더 좋은 안

식처로다.

— 제3권 15장. 시드니 카턴의 희생이 지닌 가치와 의미를
놓고 그동안 많은 논의가 있었지만, 가장 확실한 해석의 열
쇠는 죽음을 앞둔 카턴의 생각을 기록한 이 인용문에 담겨
있다. 이 구절은 개인적 부활과 국민적 부활을 예언한다. 하
나의 생활 방식을 다른 방식으로 뒤집어엎는 혁명의 본질을
천착하고자 하는 이 소설에서 프랑스의 투쟁과 시드니 카턴
의 투쟁은 서로를 비추는 거울이다. 여기서 디킨스는 이 투
쟁들의 결과를 분명히 밝히고 있다. 파리가 혁명이 불러일
으킨 혼란스럽고 피비린내 나는 폭력의 '깊은 구렁텅이에서
일어나'듯이 카턴도 쓸모없는 삶을 마감하고 영광스럽게 다
시 태어난다는 것이다. 파리가 '아름다운 도시'가 되고 카턴
의 이름을 '빛나게 만든다'는 예언에서는 인간은 본질적으
로 선하다는 디킨스의 믿음을 확인하게 된다.

제목: 두 도시 이야기 A Tale of Two Cities

작가: 찰스 디킨스 Charles Dickens

작품 형태: 소설

장르: 역사 소설

집필 언어: 영어

집필 시기와 장소: 1859년, 영국 런던

최초 출간일: 1859년 4월부터 1859년 11월26일까지 주간지 연재

출판사: Chapman and Hall

화자: 익명이며, 디킨스 자신이라고 생각할 수 있다.

관점: 화자는 런던과 파리, 그리고 여러 등장인물들 사이를 능숙하게 오가면서 3인칭으로 이야기를 전개하며, 여러 등장인물들의 생각, 감정과 모티프를 드러낼 뿐 아니라 매 사건의 역사적 배경을 제공하고 논평한다.

어조: 감상적·동정적·풍자적이며, 무시무시하고 기괴하다.

시제: 과거

시대적 배경: 1775년-93년

주인공: 샤를 다네, 또는 시드니 카턴

주된 갈등: 드파르주 부인은 가증스러운 에브레몽드 후작과의 관계 때문에 조카 샤를 다네에게 복수하고자 하는 반면, 카턴, 마네트 박사, 루시, 로리는 피에 굶주린 혁명세력의 기요틴으로부터 다네를 보호하려 노력한다.

상승: 바스티유 감옥 습격 후 귀족들의 피살, 가벨을 구출하기 위해 파리로 가려는 다네의 결심, 다네를 체포하라는 드파르주 부부의 요구.

클라이맥스: 법정에서 에브레몽드 후작의 악행을 고발하는 마네트 박사의 편지가 낭독되는 순간. 그때 다네에 대한 드파르주 부인의 지독한 증오심은 그를 죽이든지 그녀가 죽어야만 끝나리란 것이 분명해진다.

하강(下降. 클라이맥스 다음 이야기): 배심원들의 다네에 대한 사형 평결, 마네트 박사가 자책하지 않기를 바라는 다네의 소망, 다네를 구하기 위해 목숨을 바치겠다는 카턴의 결심.

주제: 항상 존재하는 부활의 가능성, 희생의 필요성, 혁명의 폭력성과 억압 성향.

모티프: 양자대비법, 어두운 그림자, 투옥생활.

상징: 깨진 술통—농민들의 굶주림과 혁명이 고조될 때 흘리게 될 피, 드파르주 부인의 뜨개질— 평민들의 복수심, 후작— 사악한 귀족들.

전조: 드파르주의 술집 앞에서 깨진 술통, 마네트 일가의 거실에 들려오는 발자국 소리, 카턴과 다네의 비슷한 용모, 다네가 신분을 밝히자 마네트 박사가 보이는 반응.

다음 질문에 대해 간단히 서술하시오.(—부분은 참고만 할 것)

1. 디킨스가 〈두 도시 이야기〉에서 개인적인 것과 정치적인 것을 유사하게 다룬 방식에 대해 최소한 한 가지를 논하라.

    — 디킨스는 프랑스 혁명과 등장인물들의 개인적인 삶에 이원적인 초점을 맞춰 역사의 발전과정과 등장인물들의 승리와 진통 사이에서 많은 유사성을 이끌어냈다. 가장 직접적인 유사성의 예는 시드니 카턴의 죽음과 프랑스 혁명의 가장 광적인 폭력을 대비시켜 부활의 개념과 연결시키는 마지막 장에서 나오는 것 같다. 소설 전체에 걸쳐 카턴이 무심하고 무의미한 삶으로부터 빠져나오기 위해 애쓰는 동안, 프랑스 하층민들은 정치적 해방을 위해 싸운다. 이 투쟁들은 나름대로의 죽음을 수반한다. 카턴은 샤를 다네를 탈출시키기 위해 목숨을 바치기로 작정하고, 혁명세력들은 귀족들의 처형을 구경하면서 희희낙락하는 것. 그러나 그 투쟁은 각각 새로운 삶을 약속하고 있는데, 그 약속이 가장 분명하게 나타나는 장면은 카턴이 루시 부부와 그 후손들이 고매하고 존경할 만한 인물로서의 그의 삶을 기리고 확장시켜 가는 모습과 폐허가 된 파리의 잿더미 위에서 새로운 도시가 일어나는 광경을 또렷이 눈앞에 그릴 때다. 이처럼 디킨스는 정치적인 면과 개인적인 면 모두에서 승리를 거두리란 희망을 기록하면서 이 작품을 끝맺고 있다.

2. 이 소설의 가장 중요한 모티프 가운데 하나는 양자대비법인데, 디킨스가 이 기법을 통해 노리는 효과는 무엇인가? 대비인가 비교인가, 아니면 양쪽 모두인가?

— 소설 초반부터 여러 등장인물들이 정반대로 짝지어진 것처럼 보인다. 예를 들어, 다네는 유능하고 목표를 이룬 반면, 카턴은 게으르고 야망이 없다. 마찬가지로 프로스 양은 점잖은 영국적 질서를 대표하는 반면, 드파르주 부인은 정반대인 성마른 혁명을 나타낸다. 그러나 소설이 진전되면서 양자대비된 인물들은 정반대보다는 쌍둥이에 가까운 쪽으로 연관되고 있다. 다네와 카턴이 루시에 대한 사랑을 공유하고, 루시는 카턴이 '자칼'의 가죽을 벗어던지고 헌신과 영웅적인 자질 면에서 다네를 능가할 수 있는 삶을 취할 수 있도록 영향을 준다. 공통적인 부분은 프로스 양과 드파르주 부인 사이에서도 존재한다. 바로 그들의 대결에서 뚜렷이 드러나듯 타협을 모르는 의무감이다. 프로스 양은 루시의 생명과 안전을 위해 목숨을 바칠 각오가 되어 있고, 드파르주 부인은 모든 귀족들이 깨끗이 숙청된 프랑스 공화정을 위해 죽음도 불사할 작정을 하고 있는 것. 이 같은 유사성을 통해 디킨스는 정반대처럼 보이는 것들도 그 밑바닥에는 닮은 점을 가질 수 있다고 암시한다. 이러한 암시는 이 작품에서 나타나는 많은 우연의 일치와 함께, 인간은 감춰져 있는 다양하고 복합적인 양식(樣式)과 연관성의 세계에서 살아가고 있다는 작가의 더 커다란 속마음 전달에 기여한다.

3. **〈두 도시 이야기〉에서 나타나는 전조의 이용에 대해 논하라.**

— 디킨스는 전조를 통해 이야기 전체에 긴장감을 고조시키고 마음속에서 떨쳐낼 수 없는 분위기를 불어넣는다. 이 작품에는 미래 사건들을 예고하는 세부적인 내용들이 가득하다. 예를 들면, 거리에서 깨진 술통과 마네트의 집에 들려오는 발자국 소리 메아리는 수많은 폭도들의 파리 공격이 임박했다는 암시다. 이런 방식으로 독자들은 그 상황에 대해

등장인물들보다 더 많이 알게 되면서 더더욱 감정적·심리적으로 그 이야기에 빠져드는 느낌을 갖는다. 이 작품이 주간지 연재물로 발표된 점을 감안하면, 이 기법은 독자들의 관심을 유지시키는 데는 특히 효과적인 방편이었다. 끔찍한 사건들이 임박했다는 암시에 애가 탄 독자들이 다음 주 잡지를 사서 읽지 않고는 못 배기게 만드는 장치였던 것.

4. 일부 비평가는 디킨스가 많은 작품에서 인물들을 지나치게 희화화했기 때문에 의미심장한 인물을 창조해내지 못했다고 비난한다. 〈두 도시 이야기〉에서도 이 같은 평가가 온당하다고 생각하는가? 그 희화화가 인간의 본질에 대해 언급하는 디킨스 작품의 역량을 분산시키는가?

5. 디킨스는 〈두 도시 이야기〉의 줄거리를 원활하게 전개시키기 위해 우연에 크게 의존한다. 예를 들면, 중요한 정보가 실린 편지들이 발견되고, 오랫동안 헤어졌던 남매가 사람들이 많은 공공장소에서 만나는 것. 그 같은 일들은 작품의 줄거리와 전반적인 주제들을 강화시키는가, 아니면 약화시키는가?

6. 프랑스 혁명에 대한 디킨스의 태도를 논하라. 그는 혁명세력들에 공감하는가?

7. 악한 등장인물들(특히 드파르주 부인)의 묘사에 근거할 때, 디킨스는 인간의 악에 대해 어떻게 생각한다고 결론지을 수 있는가? 디킨스는 성악설을 믿는 것 같은가? 만약 그렇다면, 인간은 바뀔 수 있는 능력은 없는가? 또는 디킨스는 환경이 인간을 잔인한 행위로 몰고 간다고 생각하는가?

다음 질문에 알맞은 답을 고르시오.

1. 〈두 도시 이야기〉가 시작되는 1775년의 시대적 배경의 특징이 아닌 것은?

   A. 영국 식민지 미국이 영국 왕에게 일련의 불만을 제기했다.

   B. 범죄와 사형이 런던 거리들에서 만연했다.

   C. 기요틴이 파리 거리들에 붙박이로 설치되어 많은 두려움을 불러 일으켰다.

   D. 프랑스 귀족 계급이 하층민들에게 엄청난 고통을 주었다.

2. 제리 크런처가 전갈을 가지고 쫓아왔으나 도버행 우편마차의 마부와 경비원이 마차를 세우려 하지 않고 머뭇거리는 이유는?

   A. 마차를 털려는 노상강도라고 생각했기 때문에

   B. 마차를 세우면 우편물 배달 일정이 늦어지기 때문에

   C. 마차 승객 가운데 한 사람인 자비스 로리의 안전을 책임지고 있었기 때문에

   D. 제리 크런처란 인물보다 그가 말썽꾼이란 명성을 먼저 알고 있었기 때문에

3. 마네트 박사가 수감생활 동안 '정신적으로' 탈출하기 위해 소지하고 있던 물건은?

   A. 아내와 딸의 사진

   B. 성경책

   C. 와인 한 통

   D. 아내의 머리카락

4. 드파르주의 술집에 있던 혁명세력들이 동료를 부르는 명칭은?

A. 자크

B. 피에르

C. 재스퍼

D. 자비어

5. 마네트 박사가 수감시절에 시간을 보내기 위해 개발한 기술은?

A. 그림그리기

B. 조각

C. 제화(製靴)

D. 이야기 구술

6. 프랑스 혁명의 피바람을 예고하기 위해 사용한 상징은?

A. 도버행 우편마차

B. 깨진 술통

C. 텔슨은행

D. 드파르주 부인의 악의에 찬 눈초리

7. 루시가 칼레발 도버행 배에서 샤를 다네가 언급했노라고 증언하는 인물은?

A. 루이 16세

B. 존 애덤스

C. 나폴레옹 보나파르트

D. 조지 워싱턴

8. 다네가 무죄 방면된 후에 시드니 카턴이 그를 싫어한다고 주장하는 이유는?

A. 다네가 매력적이지 않고 비열해서

B. 다네가 루시 마네트의 사랑을 악용해서

C. 다네가 카턴 자신의 추락과 자기가 될 수도 있었던 모든 모습을
   상기시켜 주기 때문에

D. 비록 무죄 방면되었지만, 반역자이기 때문에

9. 디킨스는 시드니 카턴을 어떤 동물에 비유하는가?

    A. 자칼

    B. 사자

    C. 족제비

    D. 나무늘보

10. 〈두 도시 이야기〉가 주간지의 연재물로 게재된 해는?

    A. 1845년

    B. 1859년

    C. 1879년

    D. 1890년

11. 디킨스가 루시 마네트를 묘사하기 위해 자주 사용하는 이미지는?

    A. 지구를 향하고 있는 천사

    B. 황금 실

    C. 참나리

    D. 폭풍 속의 고요

12. 루시가 집의 거실에 앉아 있을 때, 거리에서 종종 들려오는 메아리
    는 무슨 소리인가?

    A. 발자국 소리

    B. 싸우는 소리

    C. 공개 처형식을 구경하는 군중의 함성

    D. 합창단의 노래 소리

13. 어린아이를 치어죽인 후작과 친척 관계가 있는 사람은?

A. 마네트 박사

B. 시드니 카턴

C. 샤를 다네

D. 프로스 양

14. 프로스 양이 루시 마네트의 천생배필감이라고 생각하는 사람은?

A. 시드니 카턴

B. 샤를 다네

C. 동생 솔로몬

D. 없음

15. 로리 씨가 스트라이버에게 만류한 일은?

A. 루시 마네트에게 청혼하는 것

B. 텔슨은행에 대한 투자

C. 시드니 카턴과의 동업자 관계 청산

D. 정치적 혼란기의 파리 방문

16. 루시에게 필요하다면 목숨까지 바치겠다고 약속한 사람은?

A. 자비스 로리

B. 시드니 카턴

C. 샤를 다네

D. 드파르주 씨

17. 제리 크런처가 야밤에 집을 나가 자주 했던 일은?

A. 도둑질을 하기 위해 텔슨은행에 침입했다.

B. 바스티유 감옥 수감자들에게 전갈을 배달했다.

C. 묘지에서 시체를 파냈다.

D. 폭동을 모의하기 위해 혁명세력들과 만났다.

18. **드파르주에게 루시 마네트와 샤를 다네의 결혼 사실을 알려준 사람은?**

A. 도로보수 인부

B. 자비스 로리

C. 시드니 카턴

D. 존 바사드

19. **루시와 샤를의 결혼식이 있던 날 밤에 마네트 박사가 한 일은?**

A. 신혼여행에 동행하기 위한 준비를 했다.

B. 감옥에서 하던 대로 구두를 만들었다.

C. 프로스 양에게 루시가 끔찍한 실수를 한 것 같다고 털어놓았다.

D. 드파르주에게 다네의 목숨을 살려달라는 내용의 편지를 썼다.

20. **바스티유 감옥 습격 때 소장의 목을 벤 사람은?**

A. 드파르주 부인

B. 드파르주

C. 존 바사드

D. 성명미상의 자크

21. **파리의 폭도들이 풀롱을 살해한 이유는?**

A. 첩자이기 때문에

B. 굶주린 사람들에게 풀이나 뜯어먹으라고 말했기 때문에

C. 그의 마차가 거리에서 어린아이를 치어죽였기 때문에

D. 농민들로부터 높은 세금을 거둬들였기 때문에

22. **루시가 신혼여행을 떠난 후 마네트 박사의 정신이 과거로 돌아가**

있었던 기간은?

A. 아흐레

B. 나흘

C. 2주일

D. 1년 3개월

23. 루시가 매일 감옥 밖의 길모퉁이에서 서성대고 있을 때, 그녀를 감시하고 말을 붙였던 사람은?

A. 드파르주 부인

B. 드파르주

C. 나무꾼

D. 침모

24. 존 바사드의 정체는?

A. 프로스 양의 동생 솔로몬

B. 에브레몽드 후작의 친척

C. 오래 전에 잃어버렸던 드파르주 부인의 동생

D. 로저 클라이

25. 마네트 박사가 바스티유 감옥에 수감되었던 이유는?

A. 빵을 훔쳤기 때문에

B. 귀족의 딸아이 목숨을 구하지 못했기 때문에

C. 에브레몽드 후작이 마네트 박사의 비밀 폭로를 두려워했기 때문에

D. 왕가를 공공연히 비난했기 때문에

정답

1. C   2. A   3. D   4. A   5. C   6. B   7. D   8. C   9. A   10. B

11. B   12. A   13. C   14. C   15. A   16. B   17. C   18. D   19. B   20. A

21. B   22. A   23. C   24. A   25. C

미국에서 1억부 이상 판매된 기적의 논술가이드
클리프노트가 한국에 상륙했다!!

방대한 고전을 하루만에 독파하는 스피드

다락원 명작노트 **CliffsNotes™** 시리즈는

▶ 미국대학위원회, 서울대, 연·고대 추천 고전을 알기 쉽게 재구성한 대한민국 대표 논술교과서입니다.　▶ 작품의 핵심내용과 사상, 역사적 배경, 심볼, 작가의 의도 등을 명확하게 정리하여 방대한 원작을 쉽고 빠르게 이해할 수 있게 해줍니다.　▶ 미국에서 리포트, 논술용으로 1억 부 이상 팔린 초베스트셀러의 명성에 비평적 사고와 논리적 글쓰기의 모델을 제시하는 〈一以貫之〉의 논술 노트를 통해 사고 능력, 읽기 능력, 쓰기 능력을 체계적으로 길러줍니다.

★ 〈一以貫之〉 논술연구모임: 대입 논술이 시작될 때부터 학원과 학교에서 논술을 가르쳐온 전문가들의 모임입니다. 현재 서울·분당·평촌·인천·광주·부산·울산 등의 유명 학원과 고등학교의 논술강의 현장에서 학생들이 '자신의 물음'과 '자신의 생각'을 갖고 '자신의 글'을 쓸 수 있도록 도와주고 있습니다.

다락원 명작노트 **CliffsNotes™** 시리즈 50권 출간

001 걸리버 여행기　002 동물농장　003 허클베리 핀의 모험　004 호밀밭의 파수꾼　005 구약 성서

006 신약 성서　007 분노의 포도　008 빌러비드　009 이반 데니소비치의 하루　010 카라마조프 가의 형제들

011 순수의 시대　012 안나 카레니나　013 멋진 신세계　014 캉디드　015 캔터베리 이야기　016 죄와 벌

017 크루서블　018 몽테크리스토 백작　019 데이비드 코퍼필드　020 프랑켄슈타인　021 신곡

022 막대한 유산　023 햄릿　024 어둠의 심연 外　025 일리아드　026 진지함의 중요성　027 제인 에어

028 앵무새 죽이기　029 리어 왕　030 파리대왕　031 맥베스　032 보바리 부인　033 모비딕

034 오디세이　035 노인과 바다　036 오셀로　037 젊은 예술가의 초상　038 주홍 글씨　039 테스

040 월든　041 워더링 하이츠　042 레미제라블　043 오만과 편견　044 올리버 트위스트　045 돈키호테

046 1984년　047 이방인　048 율리시스　049 실낙원　050 위대한 개츠비

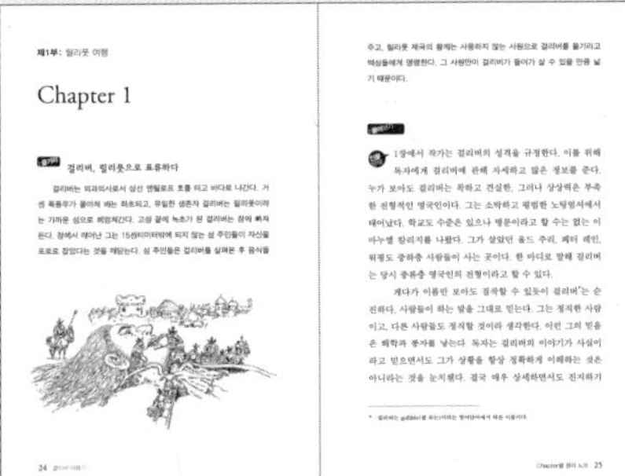

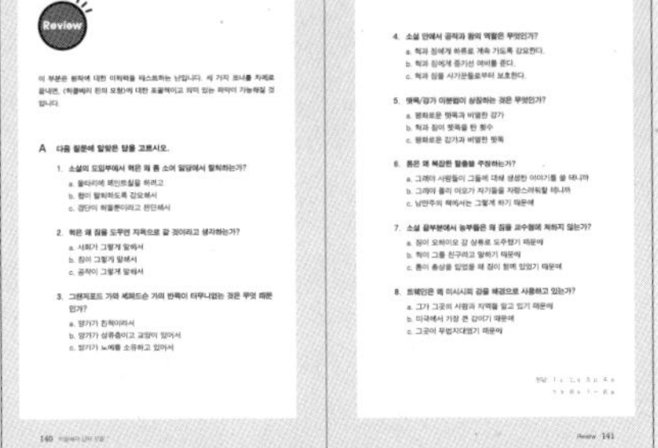

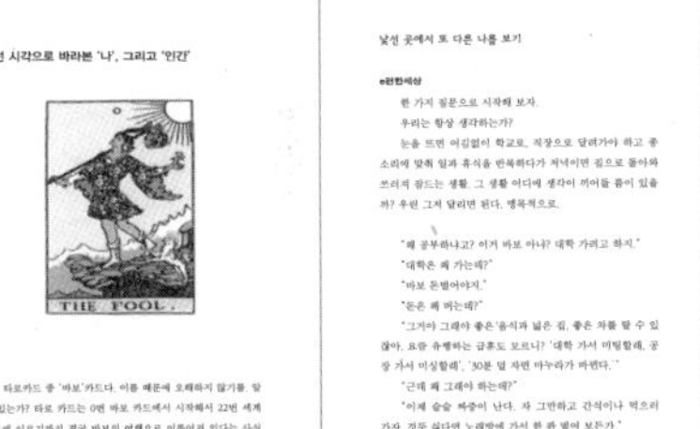

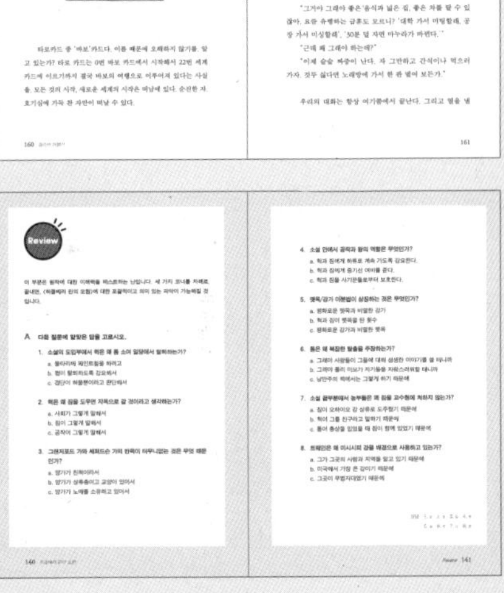

작가 노트 | 작가에 대해 꼭 알아야 할 배경지식이 담겨 있습니다.

작품 노트 | 작품의 개요, 전체 줄거리, 등장인물 등 작품 전반을 이해하는 데 필수적인 부분을 실어 놓았습니다.

Chapter별 정리 노트 | 각 장의 '줄거리'와 '풀어보기'가 들어 있습니다. '줄거리'에서는 원작의 내용을 명쾌하게 파악할 수 있습니다. '풀어보기'에서는 원작에 담긴 문학적 경향, 주제, 상징 등을 다루었습니다.

인물분석 노트 | 등장인물에 대한 보다 면밀한 분석이 들어 있습니다.

마무리 노트 | 작품의 주제 등 보다 넓은 시각에서 작품을 볼 수 있도록 도와줍니다.

Review | 작품 이해도를 묻는 질문 코너입니다. 다양한 질문에 답하다 보면 작품에 대한 포괄적이고 의미 있는 파악이 가능해집니다.

一以貫之 논술 노트 | 권말에는 일이관지 논술연구모임에서 작성한 해당 작품과 관련한 논술 노트가 실려 있습니다. 원작을 우리의 삶과 연계시켜 비판적 사고와 논리적 글쓰기의 방향을 제시합니다.

실전 연습문제 | 해당 작품을 바탕으로 출제 가능성이 높은 논점을 함께 숙고해 봅니다.

★ 변형 국판 ★ 각권 8,500원

〈행복한 명작 읽기〉는 기초가 약한 영어 초급자나 초, 중, 고 학생들이 보다 즐겁고 효과적으로 명작들을 읽으며 독해력을 키울 수 있도록 개발된 독해력 증강 프로그램입니다.

책의 특징

1 골라 읽는 재미가 있다. 초보자를 위한 350단어 수준에서 중고급자를 위한 1,000단어 수준까지 5단계 구성.
2 단계별로 효과적인 영어 읽기 요령과 영문 고유의 참맛을 느낄 수 있는 장치가 곳곳에.
3 읽기만 해도 영어의 키가 쑥쑥 – 해석을 돕는 돼지꼬리(‿), 영어표현 및 문법 설명, 퀴즈가 왕창.
4 체계적인 듣기 학습까지. 전문 미국 성우들의 생동감 넘치는 원음을 담은 오디오 CD 제공.

❋ 왕초보 기초다지기 ❋

쉬운 영문을 통해 영어 독해에 대한 막연한 두려움을 없앤다.

Grade 1 Beginner	Grade 2 Elementary
1 미녀와 야수	**11** 이솝 이야기
2 인어공주	**12** 큰 바위 얼굴
3 크리스마스 이야기	**13** 빨간머리 앤
4 성냥팔이 소녀 외	**14** 플랜더스의 개
5 성경 이야기 1	**15** 키다리 아저씨
6 신데렐라	**16** 성경 이야기 2
7 정글북	**17** 피터팬
8 하이디	**18** 행복한 왕자 외
9 아라비안 나이트	**19** 몽테크리스토 백작
10 톰 아저씨의 오두막	**20** 별 | 마지막 수업

350 words / 450 words

국판 | **Grade 1, 2, 3** 각권 **6,000원**
(오디오 CD 1개 포함)

Grade 4, 5 각권 **7,000원**
(오디오 CD 1개포함)

*어린왕자 **8,000원**
(오디오 CD 2개 포함)

고도를 기다리며 **9,000원
(오디오 CD 2개 포함)

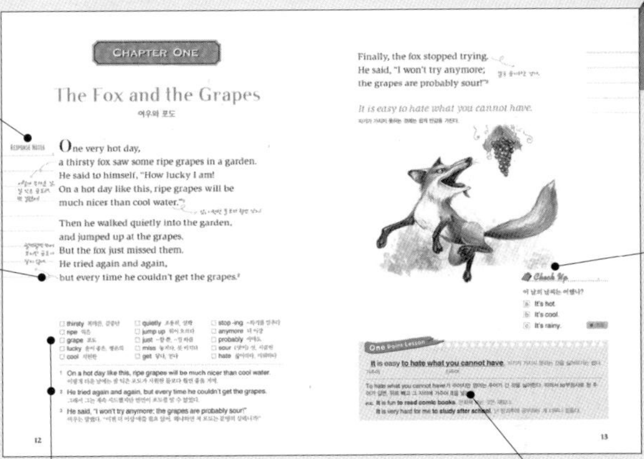

Response Notes
(독자의 공간)
영문을 읽어나가다
궁금한 점, 기억해 두어야
할 점을 메모한다.

해석 도우미
(일명 '돼지꼬리')
꼬리 끝에 해석을 돕는
힌트가 꽂혀 있다.

주요 어휘 및 문장 해석

Check-Up
내용 파악이
잘 되었는지 확인.

One-Point Lesson
주요 문법사항이나 표현에
대한 심층 분석 코너.

실력 굳히기

실력에 맞게 효과적으로 끊어 읽으며 직독직해 훈련을 한다.

영어의 맛
제대로 느끼기

영문판 원서 도전을 위한
전 단계의 준비과정이다.

Grade 3 — Pre-intermediate
600 words

21 톨스토이 단편선
22 크리스마스 캐럴
23 비밀의 화원
24 헬렌 켈러, 나의 이야기
25 베니스의 상인
26 오즈의 마법사
27 이상한 나라의 앨리스
28 로빈 후드
29 80일 간의 세계 일주
30 작은 아씨들

Grade 4 — intermediate
800 words

31 오페라 이야기
32 오페라의 유령
33 어린 왕자*
34 돈키호테
35 안네의 일기
36 고도를 기다리며**
37 투명인간
38 오 헨리 단편선
39 레 미제라블
40 그리스 로마 신화

Grade 5 — Upper-intermediate
1000 words

41 센스 앤 센서빌리티
42 노인과 바다
43 위대한 유산
44 셜록 홈즈 베스트
45 포 단편선
46 드라큘라
47 로미오와 줄리엣
48 주홍글씨
49 안나 카레니나
50 나에겐 꿈이 있습니다
  ─명연설문 모음

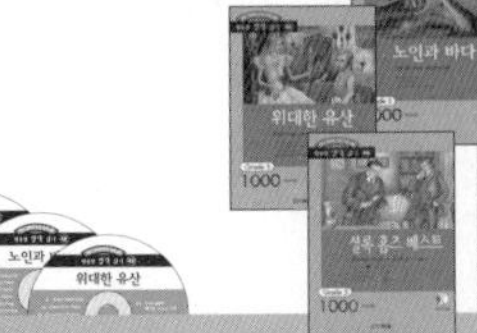

패턴 따라 쉽게 쓰는 틴틴 영어일기 1, 2

❶ 일상생활 패턴정복
❷ 학교생활 패턴정복

중학교에 다니는 여학생과 남학생이 각각 일상생활과 학교생활을 중심으로 1년간의 일을 쉽고 재미있게 쓴 영어일기. 중학생이라면 누구나 한번쯤 겪어봤을 만한 일들을 바탕으로 한 다양한 일기 소재와 어휘가 제공되어 있기 때문에, 영어일기를 통해 영작을 연습하려는 학습자에게 큰 도움이 될 수 있는 교재이다. 중·고생뿐만 아니라, 중학 영어를 미리 예습하려는 예비 중학생들에게도 아주 효과적인 영어 학습서로 강추!

□ 정미선 지음 / 4·6배 변형 / 192면
□ 정가 10,000원 (오디오 CD 1개 포함)

Teen Teen Diary (전3권)

❶ 매일 10단어로 뚝딱 중학생 영어일기

중1 수준의 어휘와 문장으로, 영어일기와 일상회화에 대한 감각을 익힌다.

□ 정미선 지음 / 신국판 / 144면
□ 정가 7,500원 (테이프 1개 포함)

❷ 매일 5문장으로 술술 중학생 영어일기

중2 수준의 어휘와 문장으로, 영어일기에 친숙해지고 자신감을 쌓는다.

□ 정미선 지음 / 신국판 / 152면
□ 정가 7,500원 (테이프 1개 포함)

❸ 매일 내맘대로 쓱싹 중학생 영어일기

중3 수준의 어휘와 문장으로, 중학영어를 마스터하고 미국의 일상회화에 익숙해진다.

□ 정미선 지음 / 신국판 / 144면
□ 정가 7,500원 (테이프 1개 포함)

지니의 미국생활 영어일기 Hello! America (전2권)

❶ 가을학기 ❷ 봄학기

어느 한국 여학생의 미국생활 이야기를 일기 형식으로 담은 책. 1권은 '가을학기', 2권은 '봄학기'편으로, 총 1년간의 미국 학교생활 및 일상생활에 관한 흥미로운 이야기들이 담겨 있다. 미국 학생들의 실생활을 바탕으로 한 탄탄한 스토리로 살아 있는 현지 영어와 미국문화를 체험할 수 있을 뿐만 아니라, 영어 독해 및 영작 연습을 할 수 있는 아주 유용한 교재이다.

□ 이지현 지음 / 국배판 변형 / 152면
□ 정가 8,500원